思维导图

初三学科高效学习手册（微课版）

毛昕辰　郝智强　主编

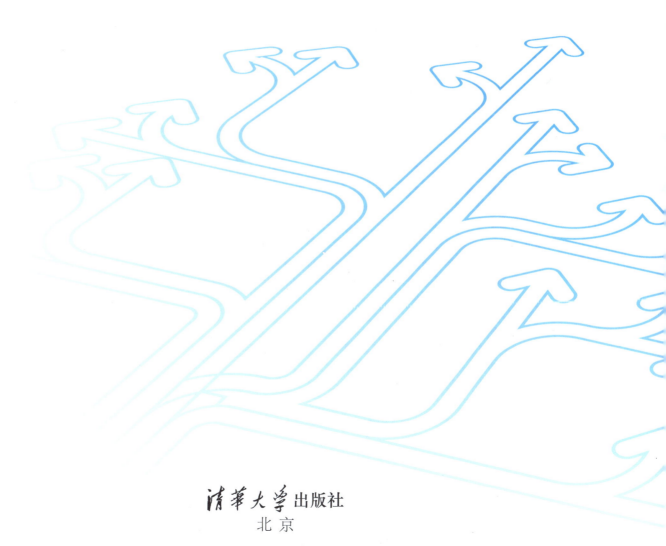

清华大学出版社

北京

内 容 简 介

本书的主要内容是初三历史、道德与法治、语文、数学、物理、化学6个科目的思维导图。我们将一个科目一学期100页左右的课本，用思维导图的形式梳理结构，浓缩精简，归纳出5～10张思维导图。思维导图简洁、明了，重点突出，逻辑清晰，能够帮助学生更高效地理解、记忆及复习所学知识。

本书封面贴有清华大学出版社防伪标签，无标签者不得销售。
版权所有，侵权必究。举报：010-62782989，beiqinquan@tup.tsinghua.edu.cn。

图书在版编目(CIP)数据

思维导图初三学科高效学习手册：微课版 / 毛昕辰，郝智强主编. —北京：清华大学出版社，2022.8
ISBN 978-7-302-60691-8

Ⅰ.①思… Ⅱ.①毛… ②郝… Ⅲ.①课程—初中—教学参考资料 Ⅳ.①G634

中国版本图书馆CIP数据核字(2022)第069351号

责任编辑：石　伟
封面设计：钱　诚
责任校对：么丽娟
责任印制：杨　艳
出版发行：清华大学出版社
　　　　网　　　址：http://www.tup.com.cn, http://www.wqbook.com
　　　　地　　　址：北京清华大学学研大厦A座　　邮　　编：100084
　　　　社 总 机：010-83470000　　邮　　购：010-62786544
　　　　投稿与读者服务：010-62776969, c-service@tup.tsinghua.edu.cn
　　　　质量反馈：010-62772015, zhiliang@tup.tsinghua.edu.cn
　　　　课件下载：http://www.tup.com.cn, 010-62791865
印 装 者：小森印刷霸州有限公司
经　　销：全国新华书店
开　　本：210mm×285mm　　印　　张：10.75　　字　　数：328千字
版　　次：2022年9月第1版　　　　　　　　　　印　　次：2022年9月第1次印刷
定　　价：69.00元

产品编号：095060-01

推 荐 序

序一

毛昕辰女士打电话给我，说她的三本初中学习指导书《思维导图初一学科高效学习手册》《思维导图初二学科高效学习手册》和《思维导图初三学科高效学习手册》即将出版，希望我写个序。

认识昕辰女士的时间并不长，我在与昕辰女士的交往中，得知她在从事思维导图的教学工作，主要应用于应试者的高效学习以及管理者的高效工作中。昕辰女士的受众群体，是孩子、学校老师、家长以及不同领域的管理者，年龄跨度为8岁到60岁。

我参观过他们的公司和工作室，并和他们座谈，了解了他们多年从事思维导图教学及运用的丰硕成果。

尤其使我难忘的是，她运用思维导图这个思维工具，结合多维度的教学理念，培养了一个智力超常的儿子，他当时是广东省小学六年级的学生（现在是初一学生了）。2021年6月，他获得广东省"新时代勤学好少年"的称号。在和他的交谈中，我发现这个孩子的智商、思维能力，和我接触过的中国科技大学少年班的学生非常相似。

我之所以谈到这一点，是因为我在想：家长对思维导图的熟悉，会有利于孩子思维能力的拓展，因为家长引导孩子的思维方式，决定孩子看待问题的高度和解决问题的能力。这是思维导图的核心作用之一。

至于如何使用思维导图，如何读图，如何结合学校的教材使用，教师如何利用思维导图进行课堂教学，学生如何利用思维导图进行课程学习和复习，在本书中都有详细的解说，这里就不再赘述。

综上所述，我很愿意写这个"序"，向广大读者推荐这三本书。

司有和
2021年11月3日于合肥报业园

附：司有和，教授，博士生导师。1969年毕业于中国科学技术大学，留校任教。1993年起享受国务院特殊津贴。1998年因人才引进调入重庆大学，2010年在重庆大学退休。中国科学技术大学创办少年班的直接参与者之一，国内知名的少年班研究资深学者，中国科技写作学的奠基者、创始人。因其在家庭教育领域的成果，1996年获得全国妇联、国家教委联合颁发的"全国家庭教育工作园丁奖"和"全国家庭教育工作先进个人"的称号。

序二

随着思维导图在校园中的普及和应用，思维导图近些年在学科教学中取得了较好的使用效果，让越来越多的学生通过系统梳理知识结构，高效掌握了各科知识点，进而提升了学习能力。"思维导图初中学科高效学习手册"系列图书就是多位学科教师将众多知识点、考点以思维导图的形式呈现的，里面不乏趣味性的解题过程和实用性的归纳总结。期待本套书对学习者起到提高学习效率的作用。

世界思维导图锦标赛"百城千校"项目负责人——梅艳艳

序三

思维导图能将众多的知识通过联想连接起来，使大脑有效地分析和保存，进而实现知识的融合、跃迁及创新。作为思维导图的实践者和受益者，我认为它是跨越式提升思考力和记忆力的思维工具，值得向所有学习者推荐。

毛老师团队潜心研发的"思维导图初中学科高效学习手册"系列图书，无疑将中学生的学科学习引入了高效的快车道，更通过具体的示范，使学生循序渐进地掌握了这个使他们受益终生的思维工具。

董丽霞，法学博士，执业律师

序四

"工欲善其事，必先利其器。"中学生的学习科目繁多，知识体系繁杂，要识记的知识量大，学习任务繁重，高效的学习方法和高品质的学习工具是其高效学习的保障。

思维导图有利于学生对其所学习的学科知识进行全方位和系统性的描述与分析，有助于他们对所学习的问题进行深刻的和富有创造性的思考。学生一旦掌握了这种方式，就可以在短时间内提高自己的思考能力和思考水平，挖掘出自己的思考潜力。

作为一名语文教师，我二十多年的语文教学实践可分为学习思维导图前、后两个阶段。我在掌握了思维导图这一工具后，语文知识体系的构建能力大大提升，引导并深化学生的阅读能力和写作能力方面的效率也大大提高。同样地，学生学习思维导图后，学习效率也迅速提升，这主要体现为他们对所学科目有了宏观的把握和理解，也就是他们能站在更高的层面上去俯览自己所学的科目，不仅对板块知识的脉络了然于胸，对学科重、难点的剖析也更加深入、全面，这种对知识的掌控感，让他们有了"会当凌绝顶，一览众山小"的畅快与自信。

"思维导图初中学科高效学习手册"系列图书是一套关于思维导图的绘制与运用的高品质图书，不仅对学科知识进行了系统的梳理，同时也给学生提供了一个运用思维导图构建学科知识体系的模板。对奋斗在书海与题海中的莘莘学子来说，它不仅是对学科知识的重组再现，更是高品质学习思维提升的阶梯，值得拥有。

窦彩丽

附：窦彩丽，一个深耕语文教学22年的语文老师，曾荣获广州市"优秀教师"和广州市"优秀班主任"的称号，在经典教学、诗歌教学等方面有自己独特的视角和实践。

序五

世界是公平的，最终能够解决问题的方法都来源于自身。在我考入北京大学以后，我似乎明白了这个神奇的真理——从小到大几乎没有上过课外补习班的我，正是因为摸索出了一个适合自己的学习方法，并且与各科的学习融会贯通，才能以最小的成本得到了最大的收益，而这个学习方法也不是什么武林秘籍，而是老生常谈的思维导图法。

思维导图的神奇之处在于，当你在构筑这些逻辑链条时，你就已经将书上的知识内生化了。举个例子，如果将学习比作做菜，上课或者上补习班就好像你作为一个实习厨师，在看主厨展现高超的厨艺，最终你观摩了全过程，看到了让你垂涎欲滴的菜品，但实际上你得到什么真传了吗，很难说。但绘制思维导图的过程，就是让你品尝那份菜肴的过程，你只有自己品尝过了，才能记住菜肴味道，才能有机会复制或者超越这道菜肴，可见，绘制思维导图是掌握学习"这道菜"的第一步。

如果有第二步的话，就是要懂得做一个"有品位"的人——绘制思维导图的方式也同样重要。思维导图有很多种，我们需要做的，就是去寻找那种自己喜欢、适合自己和自己能坚持的思维导图，同时构建一个富有逻辑感、层次感和内容感的逻辑框架。我一直是一个记忆力很差的人，但是有了思维导图的逻辑推导，我也能快速记忆知识点和内容，而且我的记忆是有逻辑性的，所以记忆往往更加持久和深远。

我一直觉得，学习是有捷径的——好的学习方法，它能帮助你用最小的成本得到最大的收益。与其疯狂地在课外灌输知识，不如选择用更短的时间去学习一个技巧或方法，然后用空余的时间感受生命的美好，做自己喜欢的事情，方能不辜负自己短暂的青春。

张芹瑜
2021年10月30日

附：张芹瑜，2020年高考以广东省第21名的成绩考入北京大学，就读国际关系专业。她善于用思维导图方法学习，在人才济济的北京大学，大学一年级第二学期就以优异的成绩获得北大奖学金。

第1课思维导图概述	第2课思维导图作用	第3课思维导图的读图和绘制方法	第4课思维导图的两种思维形式
第5课思维导图如何提炼关键词	第6课思维导图书的使用说明与注意事项	第7课思维导图归纳知识点的流程	第8课思维导图梳理知识点演练
第9课如何用思维导图归纳史地政生知识点	第10课如何用思维导图总结数理化知识点	第11课如何用思维导图梳理文言文	第12课如何用思维导图构思作文

前　言

　　思维导图是将放射性思考可视化的图形思维工具，是英国教育家托尼·博赞在20世纪60年代提出的。思维导图利用大脑记忆与思维的规律，运用图文并重的技巧，将抽象的思维变成可视的思维，将零散的点变成系统的网。它既可以呈现思维过程，构建知识网络，是做归纳与总结的良好工具，又能够由点到面，拓展思维广度，是思维发散、创意思考的良好工具。

　　将思维导图应用在学科学习中，对提高学生的思维品质、学习效率及学习成绩有显著的作用，具体体现在以下几点。

　　(1) 思维导图将知识点按照逻辑关系有层级地呈现出来，在这个过程中，可以让学生厘清知识点之间的关系，加深对知识的理解，让学生的知识体系结构化、系统化。长期坚持使用思维导图，可以增强学生思维的逻辑性和全局性。

　　(2) 思维导图运用图文并茂的形式，用图形、线条、色彩建立起链接。图形可以将抽象变形象，加深学生对主题和内容的印象。线条的作用类似于大脑的神经元，将相关节点联系起来，让大脑更直观地发现内容之间的关联性。不同的颜色可以将不同板块的内容区分开，同时刺激大脑，提高大脑的兴奋度，集中学生的注意力。这些特点，让思维导图具有直观、易于比较、便于记忆的优点。这也是思维导图越来越受欢迎的原因之一。

　　(3) 著名数学家华罗庚先生曾经说过"人读书先是由薄到厚，再由厚到薄"。本书思维导图中的文字内容主要是用关键词来表示，而一些概念性的或不能删减需要完整表述的内容，则使用比较精简的短句，力求做到最简。去除了原文中修饰性的或补充性的非关键性内容，只保留了主要部分，化繁为简，把握精髓，所以往往一章节几十页的文字内容，一张思维导图就能全部概括。

　　运用关键词，最直接的作用就是大大减少了记忆的信息量，在复习时，能大幅提高效率。但关键词的作用，远不止于此。

　　在使用思维导图时，我们提倡一个方式是"关键词自己记，非关键词自己说"，核心的关键点当然要牢牢记住，这个是掌握知识的最基本要求。当关键点记住之后，那些修饰性的或补充性的非关键性内容，可以自己用自己的语言补充。所以，学生在使用思维导图学习时，不用再被动地、机械性地记忆书中一串串长长的句子，而是积极地对关键词的内容进行分析、加工和联想。长期坚持，可以提高学生组织和陈述知识的能力，这在考试和未来人生发展中，都是一种非常重要的能力。

　　(4) 在学完一节课或一章节的内容后，将一章节的内容绘制成思维导图，在这个过程中，可以检测学生对知识点的理解程度。学生如果能够顺畅地把思维导图绘制出来，而且思路清晰，逻辑严密，就说明知识点理解得比较好。如果不能完整地绘制出来，那就说明对知识点理解不够，需要及时查漏补缺。现在有很多教师，在教完学生一章节的内容后，布置的作业就是让学生绘制一章节的思维导图，其目的就是引导学生进行自我检测和评估学习质量。当然，就算教师没有布置这项作业，学生也应该养成习惯，这对于提高学生的学习品质，是很有利的。

　　(5) 思维导图发散性的特点，有拓展思维广度的作用，这一点非常有利于我们做创意性的思考。例如，用在学生写作文时，我们把作文主题作为思维导图的中心，然后发散出相关内容，形成文章的基本结构，最后再具体行文。思维导图具有呈现思维过程的作用，我们可以通过所绘制的思维导图，检视自己的行文思路，并及时修正，让作文结构严谨有序。与传统的线性提纲相比，思维导图还可以节省书写提纲的时间，所以建议学生在写作前，绘制一个简易的思维导图，以达到有章有法、节省时间的目的。

　　思维导图是一个学习工具，更是一种训练思维品质、激发思维潜力的学习方式。学生一旦真正掌握了这种方法，无论是在当下的学习还是在未来的人生中，都将获益良多。

前文讲了这么多，您一定看得有些累了。实践出真知，现在我们就用思维导图总结一下前文所表达的观点。上千文字的核心观点，就在下面的这张图里，这就是思维导图的魅力所在。

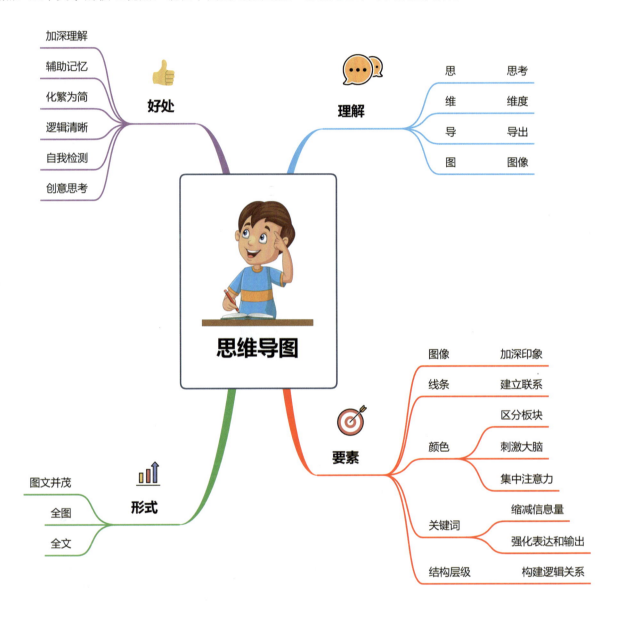

使用说明

1. 如何阅读思维导图

思维导图最主要的作用是将学习内容化繁为简、重点突出、层次分明、逻辑清晰。中心主题是思维导图的核心，位于导图的最中心。读图原则是从中心主题到主干再到次要分支。绘制思维导图要按照顺时针方向，因此，阅读思维导图也应遵循顺时针方向。思维导图讲究系统性，它的每一层级都有必然的联系，以节点为分界，所以，跳跃读图可能会出现思路混乱的情况。当然，如果对思维导图理解到一定程度，为了节约时间，也可以适当跳跃读图。

*特别注意：*一般的思维导图是360°向四周发散。本书的思维导图，大多数是为了适应版式要求，让字体更大，分支偏向右侧，没有向360°发散。同学们自己画图时，可以自行修改成向四周发散的思维导图。

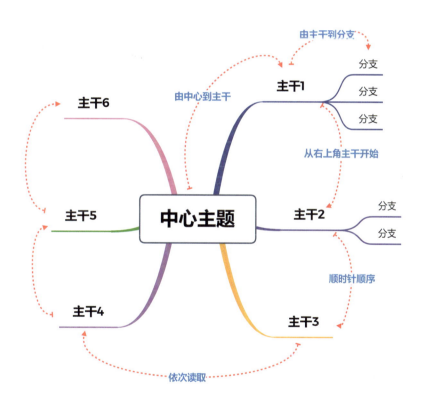

2. 如何绘制思维导图

下面我们直接用一张思维导图来告诉大家如何绘制思维导图，相信聪明的你，看完这张图后，应该就知道如何绘制思维导图了。当然，知道了思维导图的绘制方法，并不意味着立刻就能绘制好一张思维导图，理论到应用之间，还隔着大量的练习和实践，只有真正动手去做，用大脑去思考，才能把理论知识变成自己的实际技能。

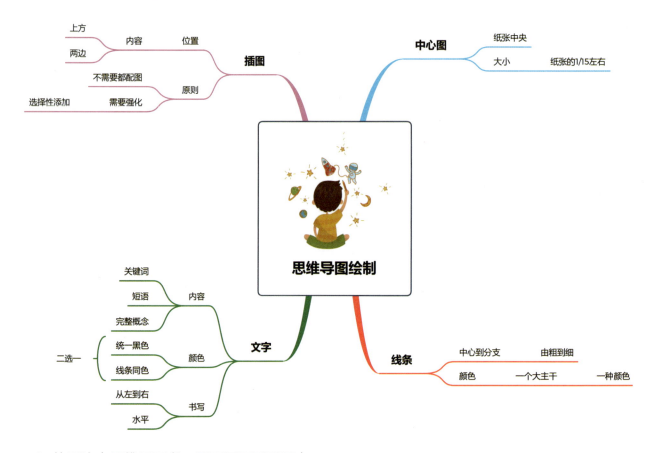

3. 使用这本思维导图书,是否还需要看课本

在这里,引用著名数学家华罗庚先生说过的一句话"人读书先是由薄到厚,再由厚到薄"。我们先要输入充足的信息,知道其前因后果、来龙去脉,深刻理解之后,才能输出和简化信息。

书中的思维导图大都是运用关键词和短句呈现的,是将原文精简后的重点内容,但这并不代表课本的原文是没用的。原文的描述更细致、更全面,可以让我们对知识有更完整的理解和认识。

我们如果没有阅读过原文内容,就直接看老师绘制好的思维导图,可能会难以理解或出现理解偏差。所以,同学们需要结合课本,先阅读课本内容,对课本内容有一定的了解后,才能知道为什么要这样安排逻辑关系,才能更好地理解这些关键词和短句背后的内容联系。

4. 是直接用书本里面的思维导图,还是自己动手绘制

"是直接用书本里面的思维导图,还是自己动手绘制?"比较理想的解决方式,当然是自己绘制。自己绘制,需要学生自己动脑动手,整个过程都是自己去完成的,无论是对知识的理解、记忆,还是对思维及绘制技术的锻炼,都会更有利。

也有很多学生会面临一些现实的问题,一是因为学习时间紧张,没时间绘制思维导图;二是对知识的理解不够深入,现有的能力还不能清晰完整地把思维导图绘制出来;三是没有系统学习过与思维导图相关的知识,不知道如何正确绘制思维导图。所以,我们可分为以下两种情况来分析这个问题。

对于时间充足、有能力自己绘制思维导图的同学,可以先阅读课本,思考分析后,自己绘制,绘制完之后,再参考我们的思维导图书,检查修正。

对于时间不够、不能正确绘制思维导图的同学,可以先阅读课本文字内容,思考知识的结构,再使用本书中的思维导图帮助自己做归纳梳理和记忆。

当然，本书提供的思维导图不是唯一的答案，思维和思考的海洋浩瀚无边。你也可以根据自己的理解和思考去绘制思维导图，也许你会有更好的思维和总结方式。

5. 怎么正确地使用思维导图

一些学生听说思维导图对学习很有帮助，就开始兴致勃勃地绘制思维导图，但绘制完之后就将其弃之一边，以为这样就一劳永逸了。如果这样做，结果肯定会事与愿违。思维导图对于学习成绩的提高确实有显著的作用，但一定是建立在正确的使用方法之上的。

学生使用思维导图帮助自己加深理解时，首先看思维导图的框架，按照这个思维脉络，用自己的语言，结合导图里面的关键词和短句，将这个章节的内容在大脑里过一遍，也可以讲给其他同学听。如果学生能够清晰顺畅地讲出来，就说明他的思路是清晰的，对这章的知识点已经基本掌握了。

学生使用思维导图辅助自己记忆时，在记住核心点之后，要脱离思维导图，凭着自己的理解和记忆，将内容讲一遍或在大脑里回忆一遍，检测自己思路是否清晰，是否都已记住。

思维导图还可以用于复习、自我检测、构思作文等。学习者不管将其用在哪个方面，都需要使用正确的方式。

更多关于思维导图使用的方法，我们在本书所配备的视频讲解里，还会有更详细的讲解，并会挑选一些实例，将整个学习过程演示给使用者。同学们可以观看学习。

编　者

初三学科高效学习手册（微课版）

读者福利获取方式.jpg

九年级数学中考练习题汇编.doc

目 录

历 史

九年级上册《历史》思维导图..................3

第一单元　古代亚非文明.....................3
第二单元　古代欧洲文明.....................4
第三单元　封建时代的欧洲...................5
第四单元　封建时代的亚洲国家...............7
第五单元　走向近代.........................8
第六单元　资本主义制度的初步确立...........9
第七单元　工业革命和国际共产主义运动的
　　　　　兴起............................11

九年级下册《历史》思维导图.................13

第一单元　殖民地人民的反抗与资本主义
　　　　　制度的扩展......................13
第二单元　第二次工业革命和近代科学文化....17
第三单元　第一次世界大战和战后初期的世界...18
第四单元　经济大危机和第二次世界大战......23
第五单元　二战后的世界变化................25
第六单元　走向和平发展的世界..............28

道德与法治

九年级上册《道德与法治》思维导图.................33

第一单元　富强与创新......................33
　第一课　踏上强国之路....................33
　第二课　创新驱动发展....................34
第二单元　民主与法治......................35
　第三课　追求民主价值....................35
　第四课　建设法治中国....................36
第三单元　文明与家园......................37
　第五课　守望精神家园....................37
　第六课　建设美丽中国....................39
第四单元　和谐与梦想......................40
　第七课　中华一家亲......................40
　第八课　中国人　中国梦..................41

九年级下册《道德与法治》思维导图.................43

第一单元　我们共同的世界..................43
　第一课　同住地球村......................43
　第二课　构建人类命运共同体..............45
第二单元　世界舞台上的中国................47
　第三课　与世界紧相连....................47
　第四课　与世界共发展....................48
第三单元　走向未来的少年..................49
　第五课　少年的担当......................49
　第六课　我的毕业季......................50
　第七课　从这里出发......................51

语文

九年级上册《语文》思维导图与综合知识 ………… 55

- 九年级上册　古诗词理解性默写 …………………… 55
- 九年级上册　文言文理解性默写 …………………… 57
- 九年级上册　文学常识梳理 ………………………… 58
- 九年级上册　必背文言文思维导图 ………………… 60
- 九年级上册　作文思维导图 ………………………… 63
  - 一、写诗歌 ……………………………………… 63
  - 二、论点 ………………………………………… 64
  - 三、议论文要言之有据 ………………………… 65
  - 四、缩写 ………………………………………… 66
  - 五、论证 ………………………………………… 67
  - 六、改写 ………………………………………… 68
- 九年级上册　课文各单元总结思维导图 …………… 69
  - 第一单元 ………………………………………… 69
  - 第二单元 ………………………………………… 70
  - 第三单元 ………………………………………… 71
  - 第四单元 ………………………………………… 72
  - 第五单元 ………………………………………… 73
  - 第六单元 ………………………………………… 74

九年级下册《语文》思维导图与综合知识 ………… 75

- 九年级下册　古诗词理解性默写 …………………… 75
- 九年级下册　文言文理解性默写 …………………… 78
- 九年级下册　文学常识梳理 ………………………… 80
- 九年级下册　必背文言文思维导图 ………………… 82
- 九年级下册　作文思维导图 ………………………… 89
  - 一、扩写 ………………………………………… 89
  - 二、审题立意 …………………………………… 90
  - 三、布局谋篇 …………………………………… 91
  - 四、修改润色 …………………………………… 92
  - 五、有创意地表达 ……………………………… 92
- 九年级下册　课文各单元总结思维导图 …………… 93
  - 第一单元 ………………………………………… 93
  - 第二单元 ………………………………………… 95
  - 第三单元 ………………………………………… 96
  - 第四单元 ………………………………………… 98
  - 第五单元 ………………………………………… 99
  - 第六单元 ………………………………………… 100

数学

九年级上册《数学》思维导图 ……………………… 105

- 第二十一章　一元二次方程 ………………………… 105
- 第二十二章　二次函数 ……………………………… 107
- 第二十三章　旋转 …………………………………… 108
- 第二十四章　圆 ……………………………………… 109
- 第二十五章　概率初步 ……………………………… 111

九年级下册《数学》思维导图 ……………………… 113

- 第二十六章　反比例函数 …………………………… 113
- 第二十七章　相似 …………………………………… 114
- 第二十八章　锐角三角函数 ………………………… 115
- 第二十九章　投影与视图 …………………………… 117

物 理

九年级全一册《物理》思维导图 121

　　第十三章　内能 121
　　第十四章　内能的利用 123
　　第十五章　电流和电路 124
　　第十六章　电压　电阻 126
　　第十七章　欧姆定律 128
　　第十八章　电功率 129
　　第十九章　生活用电 131
　　第二十章　电与磁 132
　　第二十一章　信息的传递 134
　　第二十二章　能源与可持续发展 135

化 学

九年级上册《化学》思维导图 139

　　第一单元　走进化学世界 139
　　第二单元　我们周围的空气 141
　　第三单元　物质构成的奥秘 143
　　第四单元　自然界的水 144
　　第五单元　化学方程式 145
　　第六单元　碳和碳的氧化物 146
　　第七单元　燃料及其利用 147

九年级下册《化学》思维导图 149

　　第八单元　金属和金属材料 149
　　第九单元　溶液 150
　　第十单元　酸和碱 151
　　第十一单元　盐　化肥 153
　　第十二单元　化学与生活 155

九年级上册《历史》思维导图

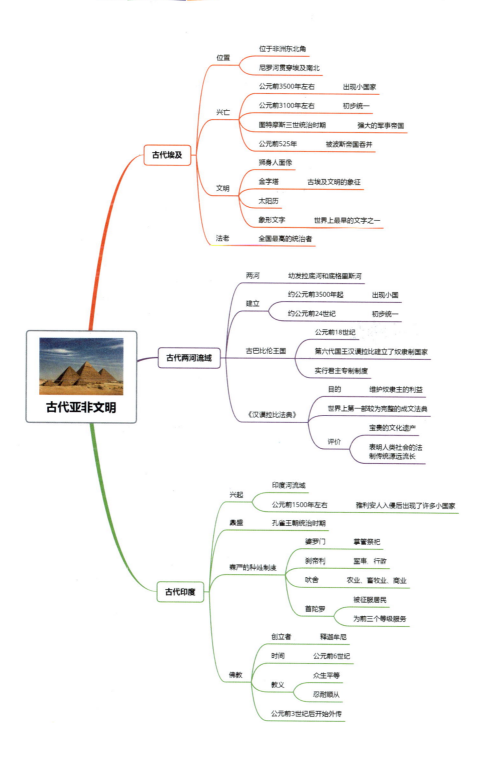

第一单元 古代亚非文明

古代亚非文明

- **古代埃及**
  - 位置
    - 位于非洲东北角
    - 尼罗河贯穿埃及南北
  - 兴亡
    - 公元前3500年左右 —— 出现小国家
    - 公元前3100年左右 —— 初步统一
    - 图特摩斯三世统治时期 —— 强大的军事帝国
    - 公元前525年 —— 被波斯帝国吞并
  - 文明
    - 狮身人面像
    - 金字塔 —— 古埃及文明的象征
    - 太阳历
    - 象形文字 —— 世界上最早的文字之一
  - 法老 —— 全国最高的统治者

- **古代两河流域**
  - 两河 —— 幼发拉底河和底格里斯河
  - 建立
    - 约公元前3500年起 —— 出现小国
    - 约公元前24世纪 —— 初步统一
  - 古巴比伦王国
    - 公元前18世纪
    - 第六代国王汉谟拉比建立了奴隶制国家
    - 实行君主专制制度
  - 《汉谟拉比法典》
    - 目的 —— 维护奴隶主的利益
    - 世界上第一部较为完整的成文法典
    - 评价
      - 宝贵的文化遗产
      - 表明人类社会的法制传统源远流长

- **古代印度**
  - 兴起
    - 印度河流域
    - 公元前1500年左右 —— 雅利安人入侵后出现了许多小国家
  - 鼎盛 —— 孔雀王朝统治时期
  - 森严的种姓制度
    - 婆罗门 —— 掌管祭祀
    - 刹帝利 —— 军事、行政
    - 吠舍 —— 农业、畜牧业、商业
    - 首陀罗
      - 被征服居民
      - 为前三个等级服务
  - 佛教
    - 创立者 —— 释迦牟尼
    - 时间 —— 公元前6世纪
    - 教义
      - 众生平等
      - 忍耐顺从
    - 公元前3世纪后开始外传

第二单元 古代欧洲文明

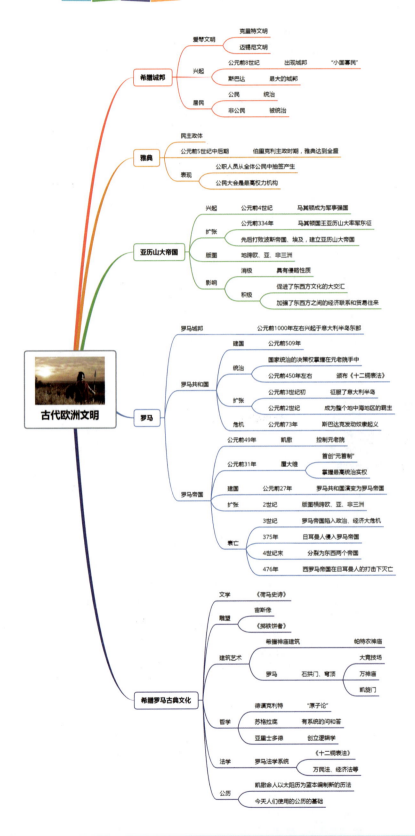

第三单元 封建时代的欧洲

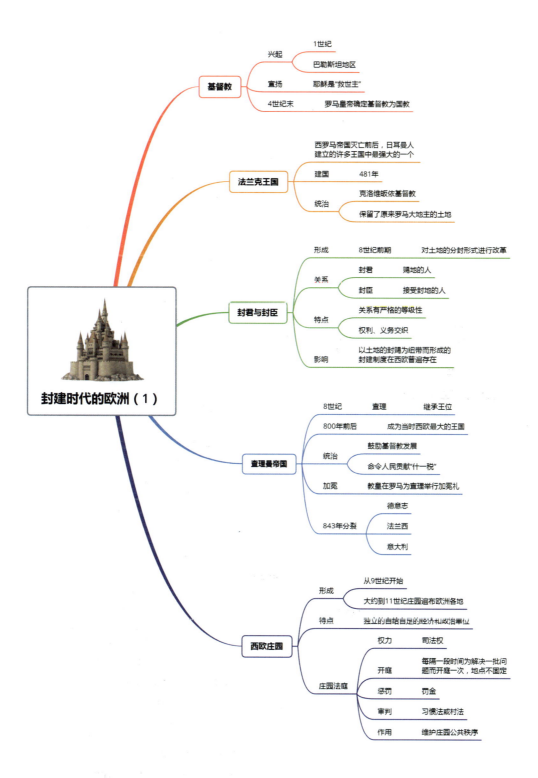

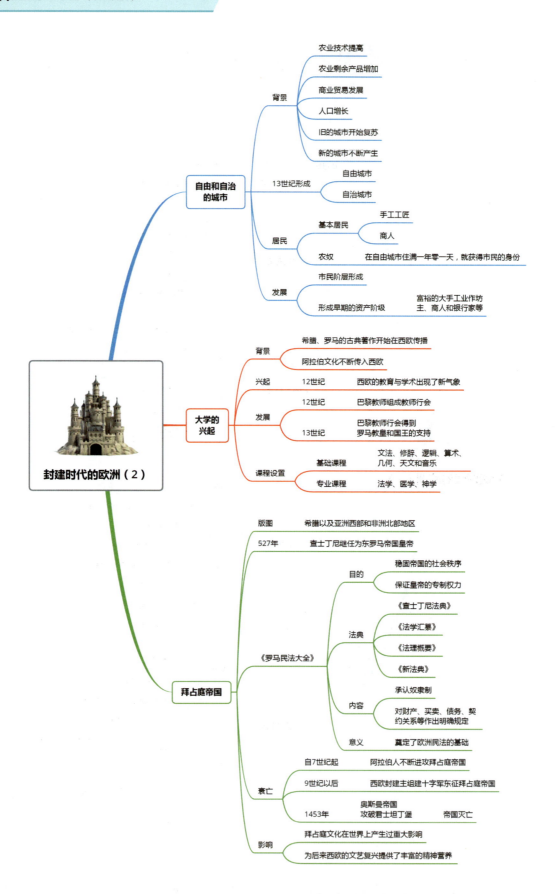

第四单元 封建时代的亚洲国家

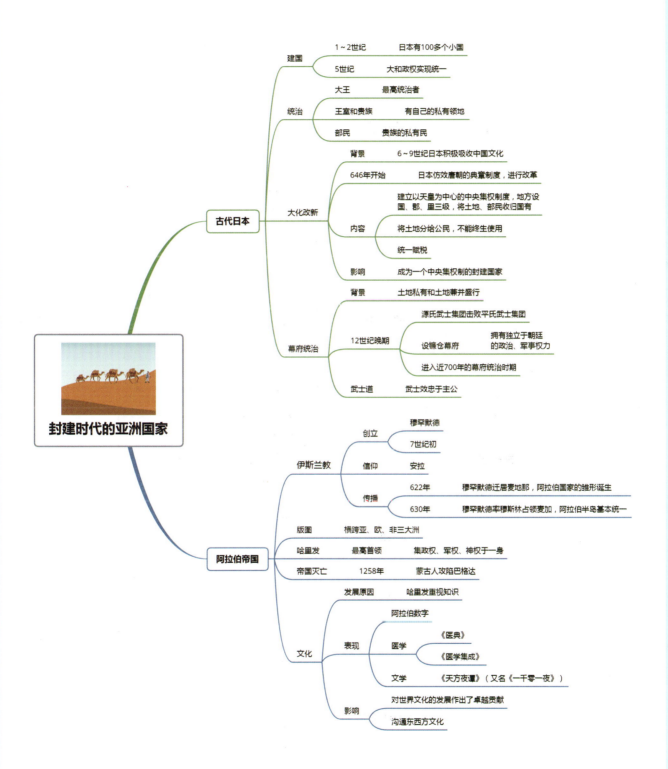

第五单元 走向近代

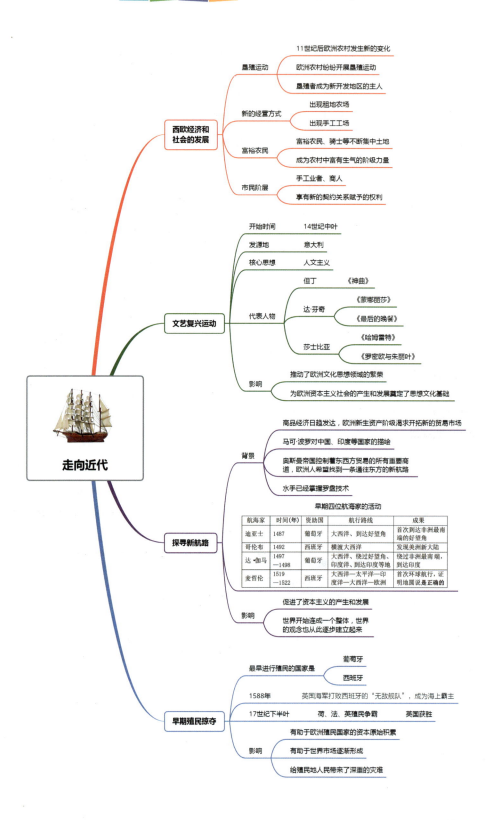

第六单元 资本主义制度的初步确立

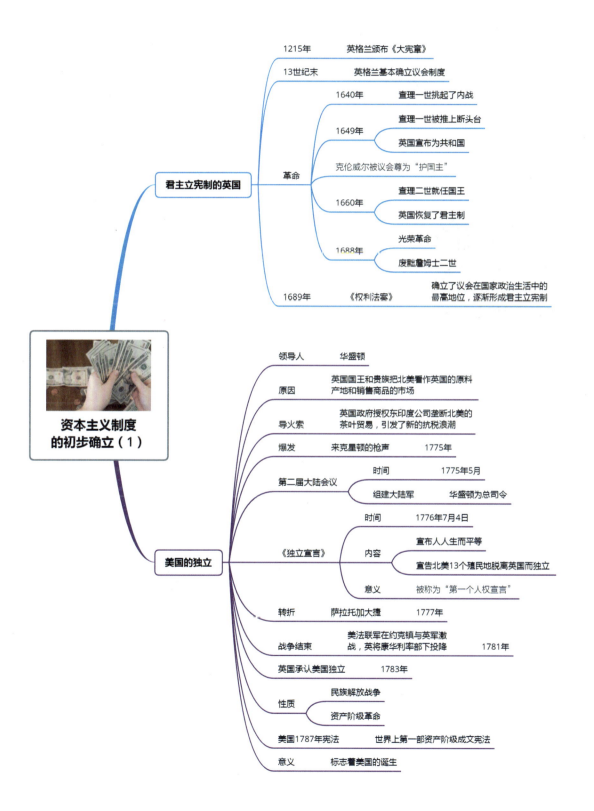

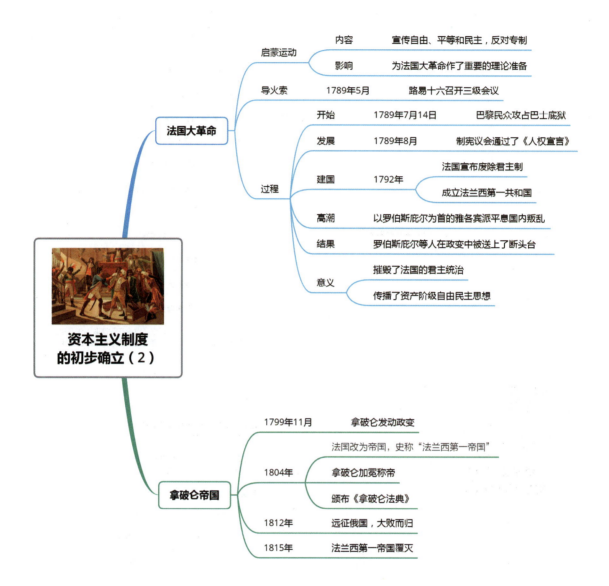

第七单元 工业革命和国际共产主义运动的兴起

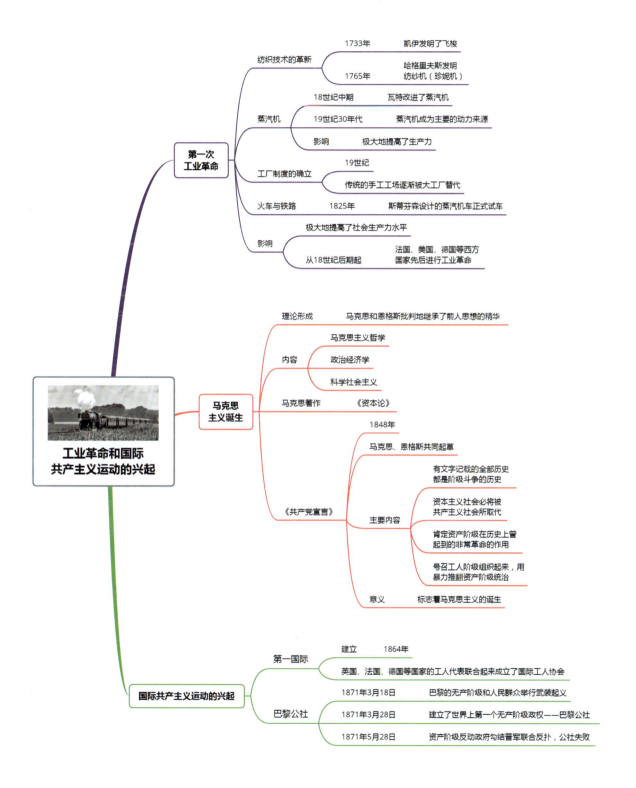

九年级下册《历史》思维导图

第一单元 殖民地人民的反抗与资本主义制度的扩展

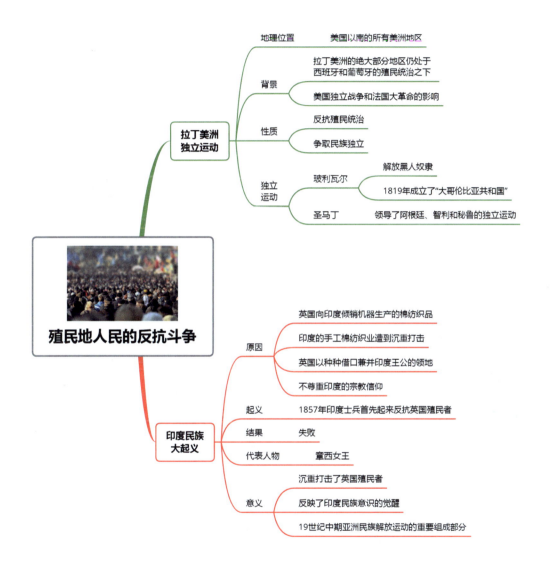

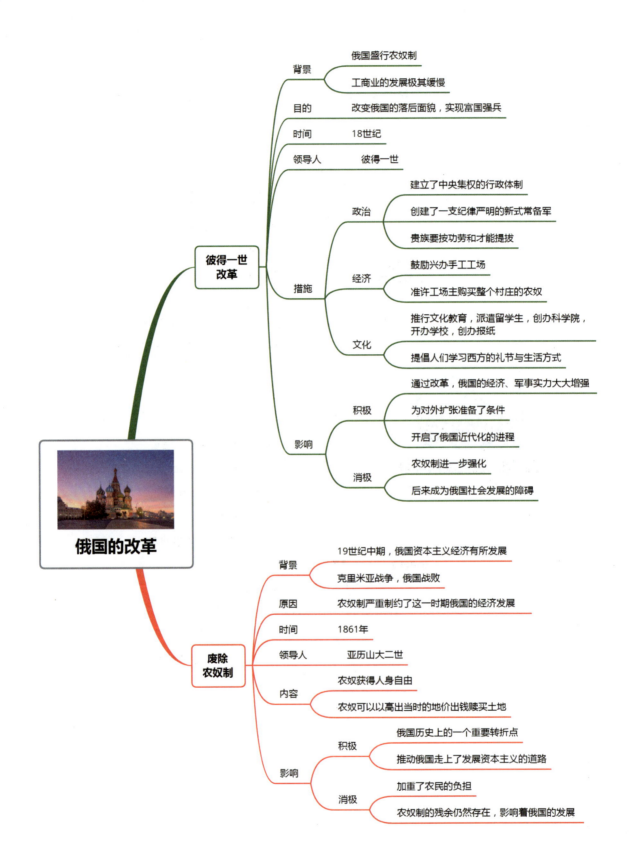

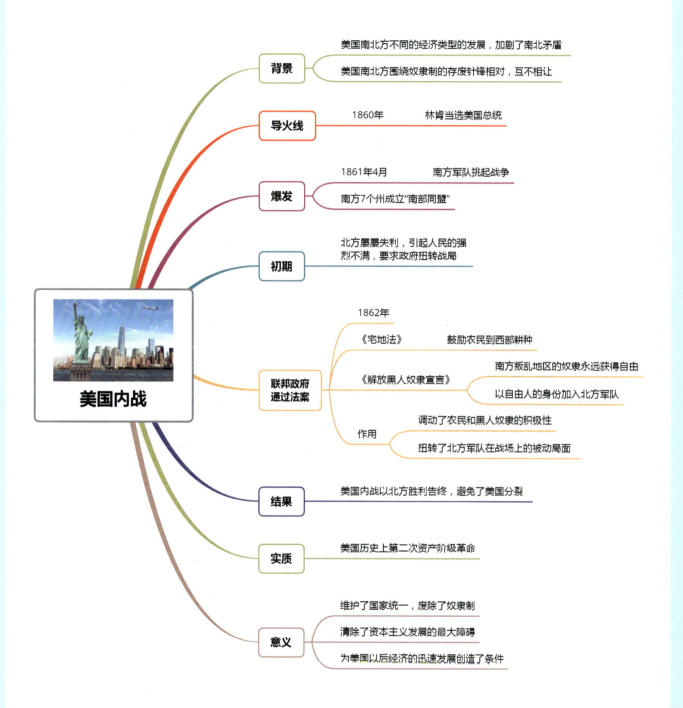

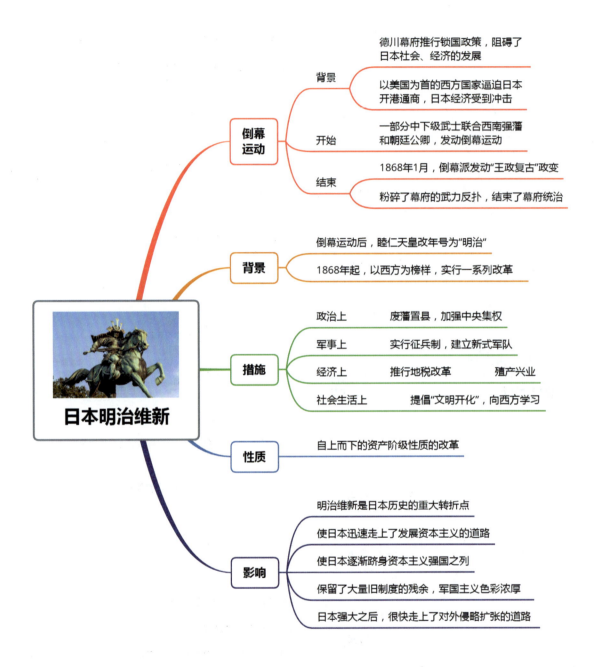

第二次工业革命和近代科学文化

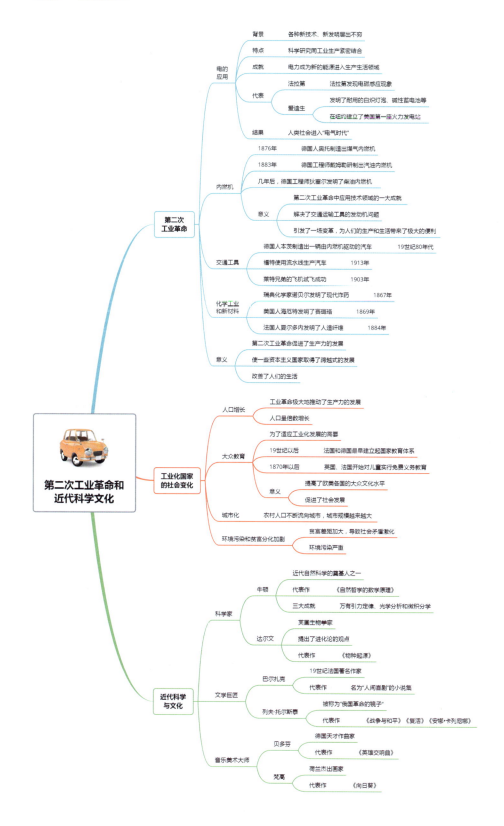

第三单元 第一次世界大战和战后初期的世界

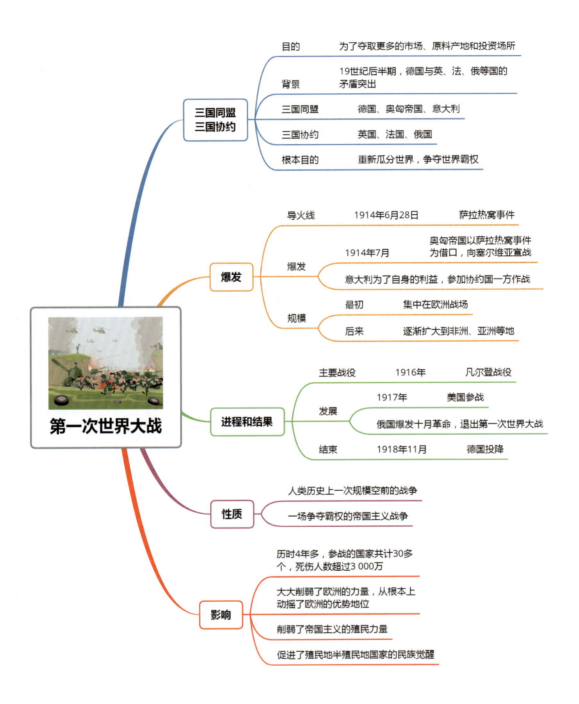

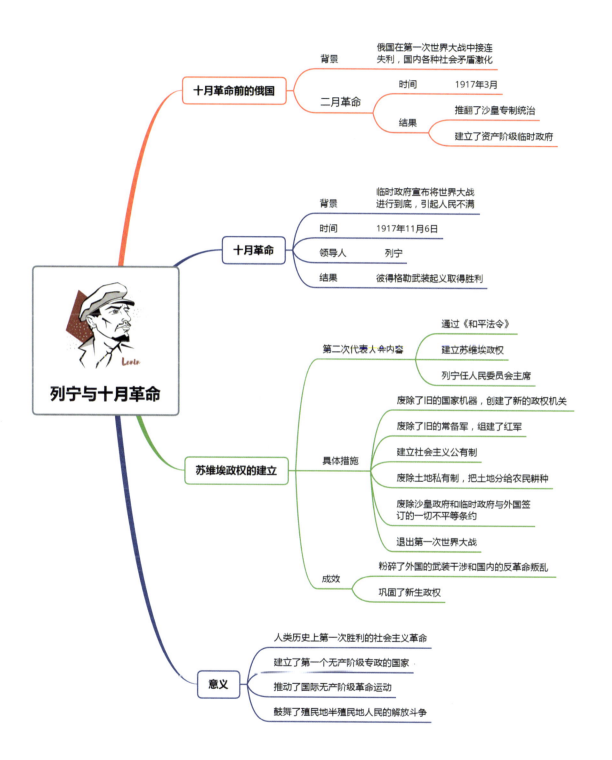

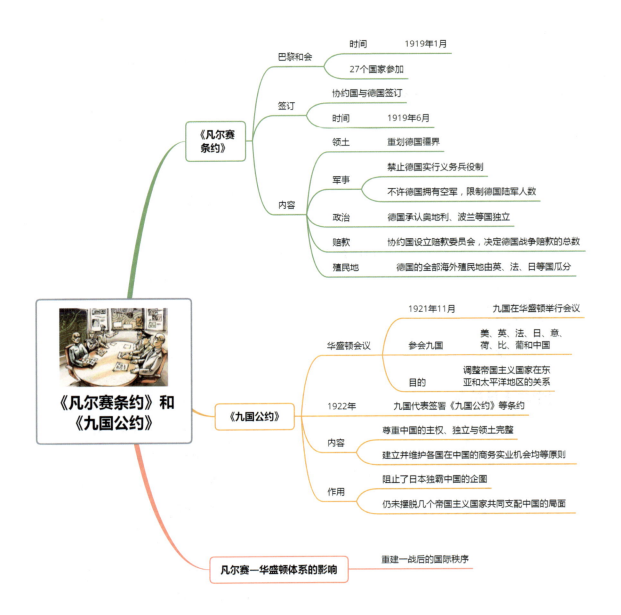

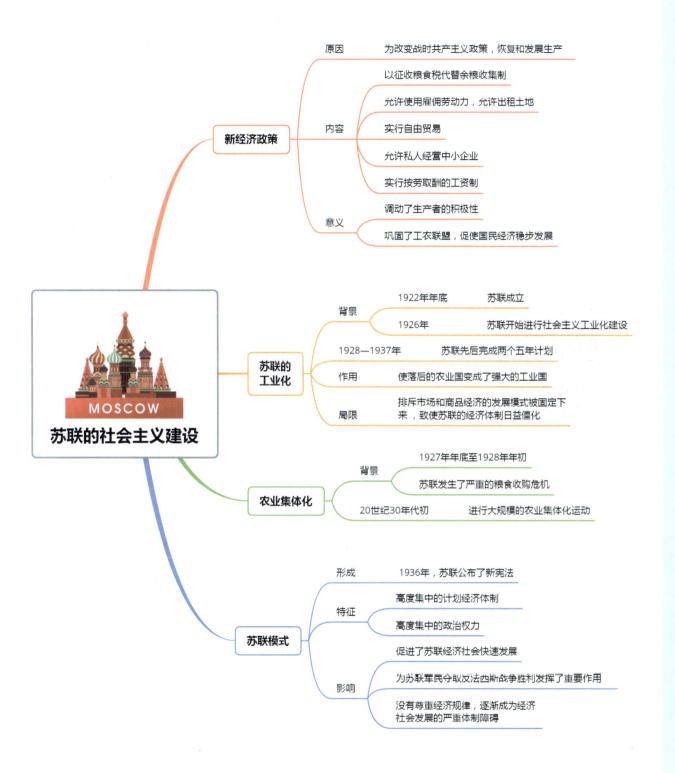

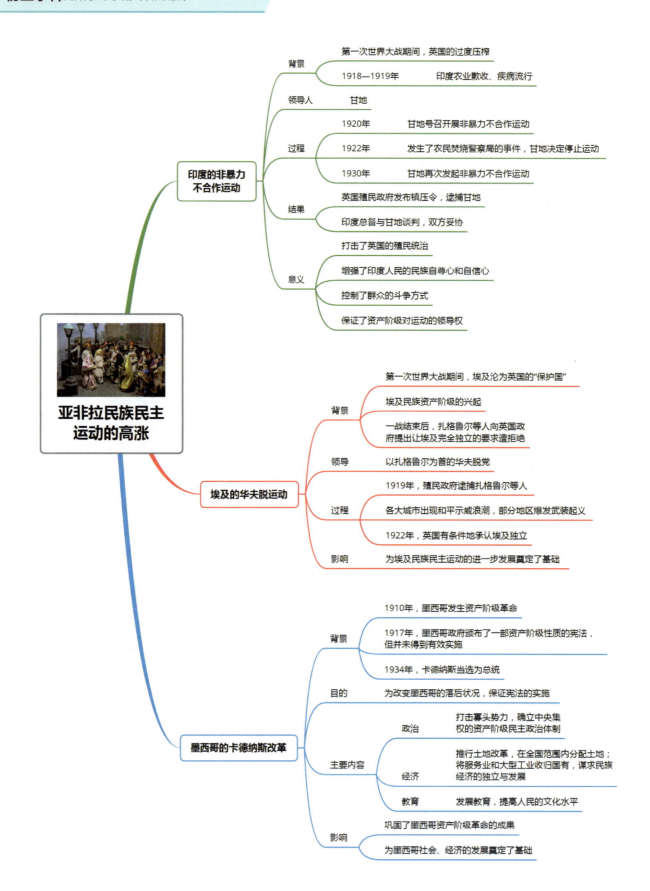

第四单元 经济大危机和第二次世界大战

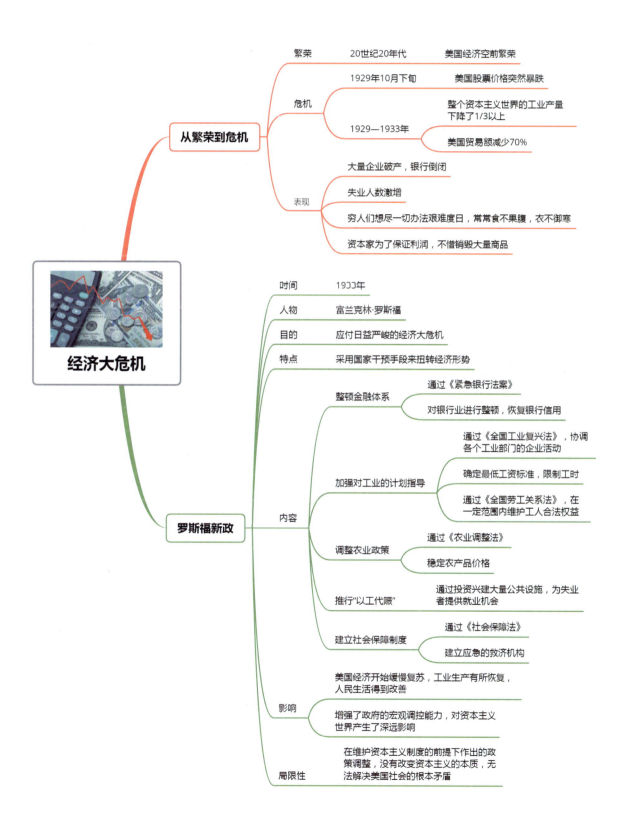

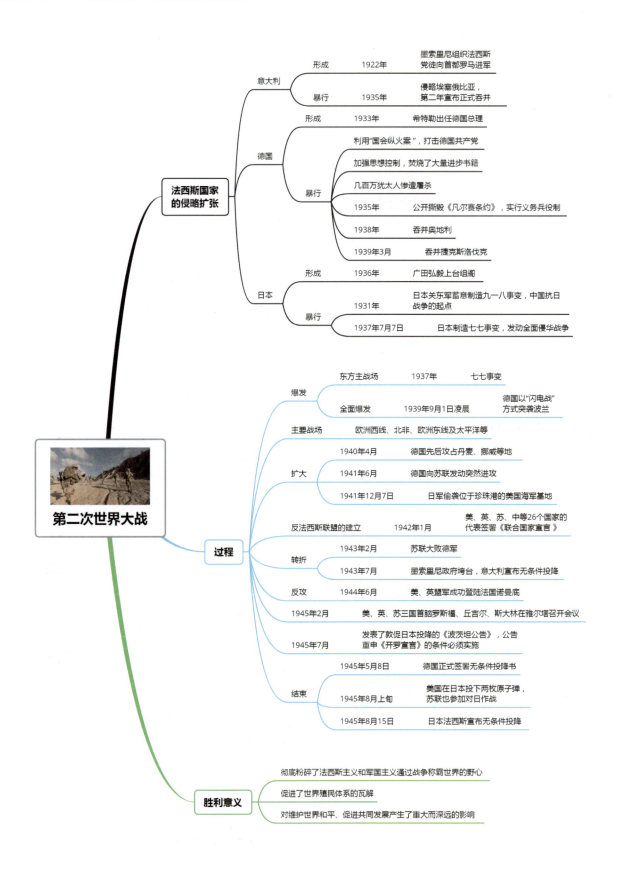

第五单元 二战后的世界变化

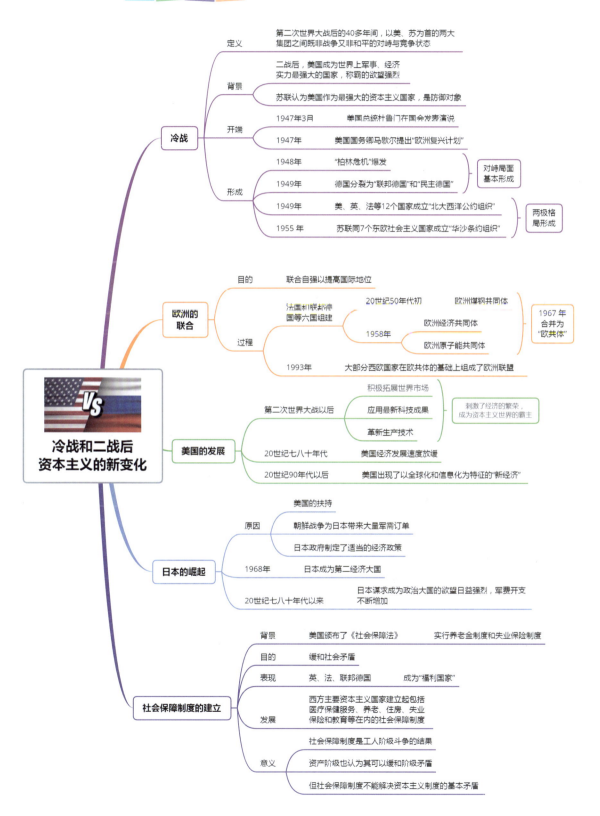

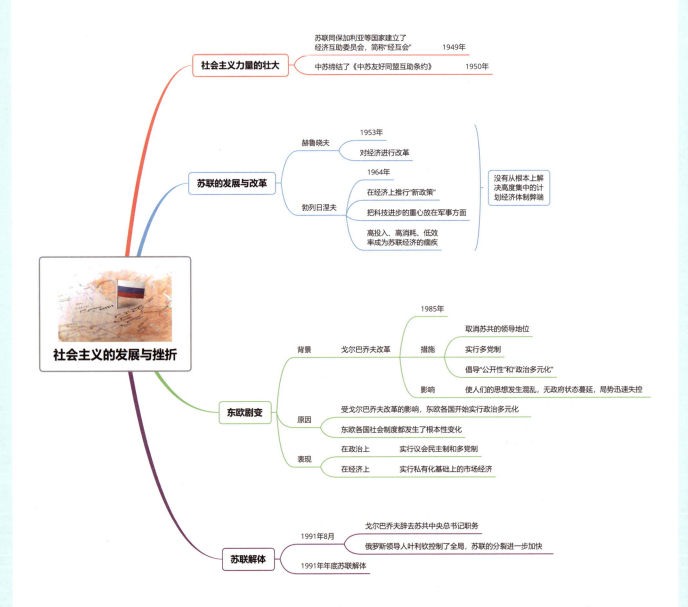

九年级下册《历史》思维导图

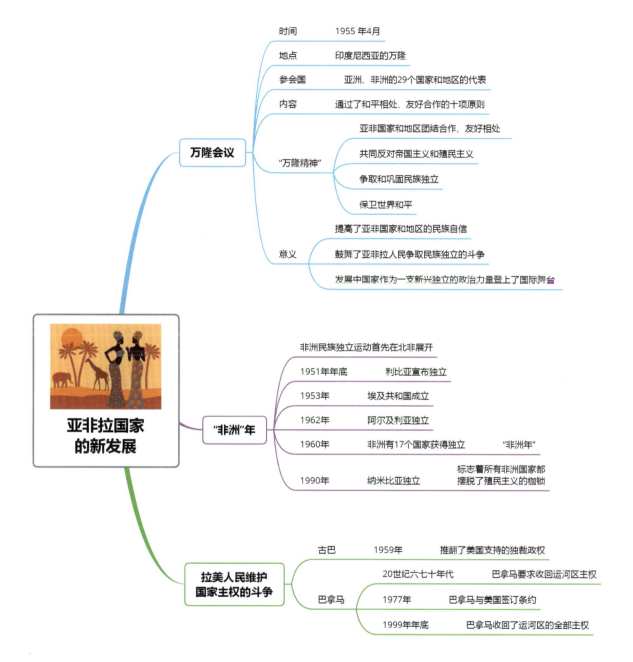

亚非拉国家的新发展

万隆会议
- 时间：1955年4月
- 地点：印度尼西亚的万隆
- 参会国：亚洲、非洲的29个国家和地区的代表
- 内容：通过了和平相处、友好合作的十项原则
- "万隆精神"：
  - 亚非国家和地区团结合作、友好相处
  - 共同反对帝国主义和殖民主义
  - 争取和巩固民族独立
  - 保卫世界和平
- 意义：
  - 提高了亚非国家和地区的民族自信
  - 鼓舞了亚非拉人民争取民族独立的斗争
  - 发展中国家作为一支新兴独立的政治力量登上了国际舞台

"非洲"年
- 非洲民族独立运动首先在北非展开
- 1951年年底　利比亚宣布独立
- 1953年　埃及共和国成立
- 1962年　阿尔及利亚独立
- 1960年　非洲有17个国家获得独立　"非洲年"
- 1990年　纳米比亚独立　标志着所有非洲国家都摆脱了殖民主义的枷锁

拉美人民维护国家主权的斗争
- 古巴　1959年　推翻了美国支持的独裁政权
- 巴拿马
  - 20世纪六七十年代　巴拿马要求收回运河区主权
  - 1977年　巴拿马与美国签订条约
  - 1999年年底　巴拿马收回了运河区的全部主权

第六单元 走向和平发展的世界

联合国与世界贸易组织

联合国

- **成立**
  - 1945年10月
  - 总部：在美国纽约
- **地位**
  - 人类构建世界和平的成果
  - 影响最大的国际组织
- **主要机构**
  - 联合国大会
  - 联合国安全理事会：中、法、俄、英、美是5个常任理事国
  - 联合国秘书处
- **作用**
  - 使许多国家和地区避免了一些可能发生的战争
  - 在维护国际和平与安全方面发挥了积极作用

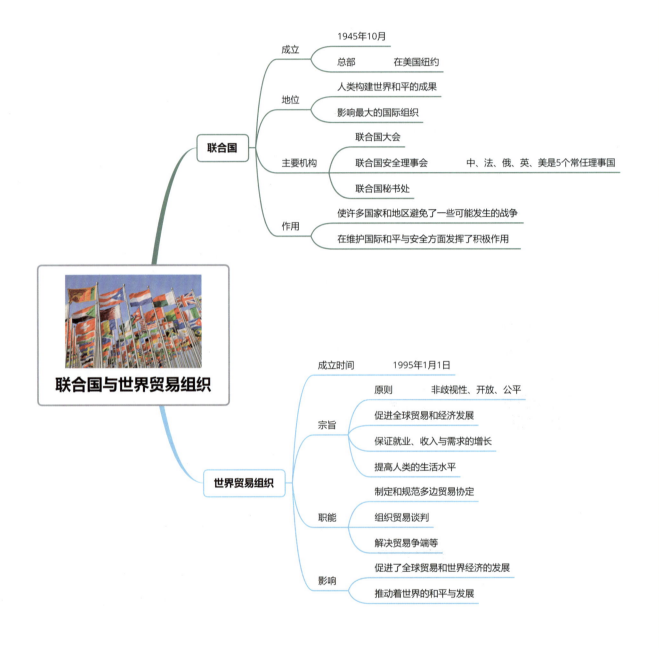

世界贸易组织

- **成立时间**：1995年1月1日
- **原则**：非歧视性、开放、公平
- **宗旨**
  - 促进全球贸易和经济发展
  - 保证就业、收入与需求的增长
  - 提高人类的生活水平
- **职能**
  - 制定和规范多边贸易协定
  - 组织贸易谈判
  - 解决贸易争端等
- **影响**
  - 促进了全球贸易和世界经济的发展
  - 推动着世界的和平与发展

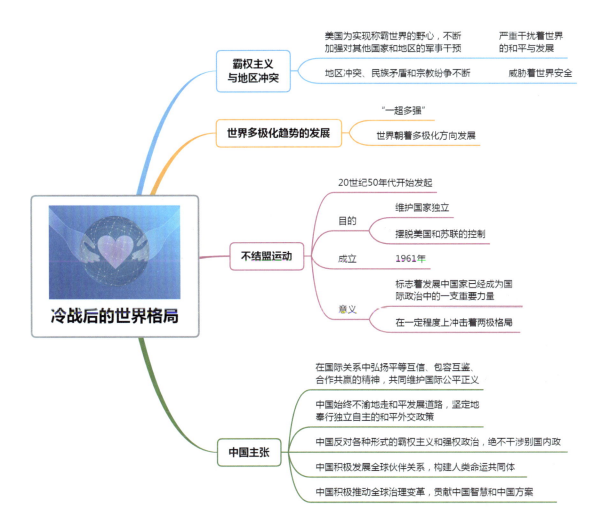

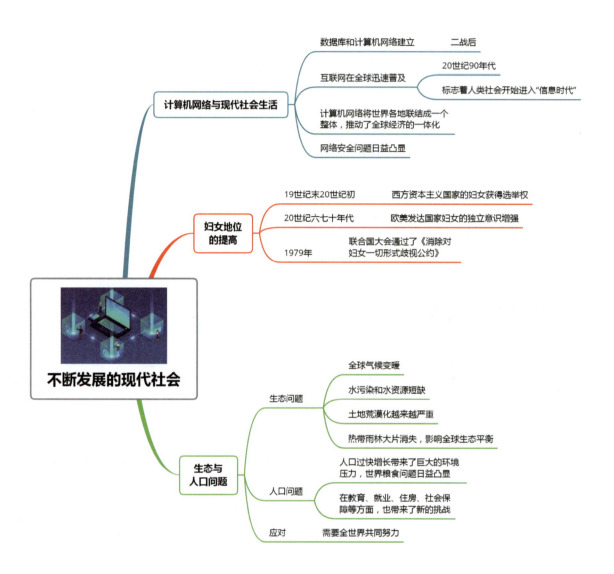

九年级上册《道德与法治》思维导图

第一单元 富强与创新

第一课 踏上强国之路

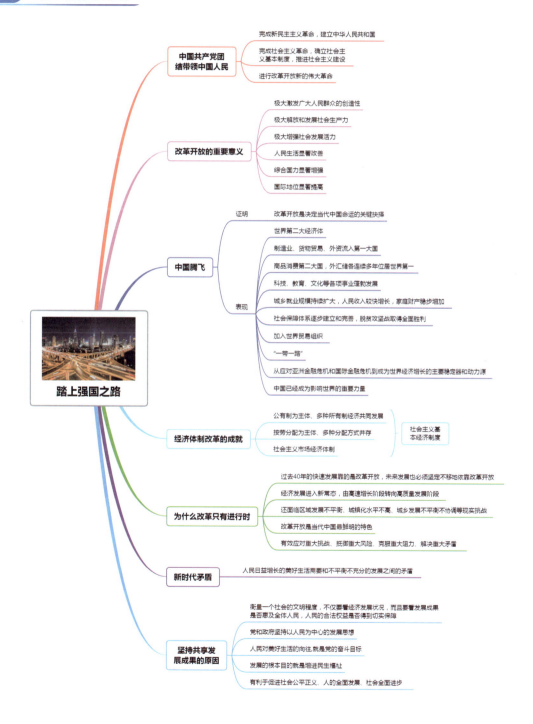

第二课 创新驱动发展

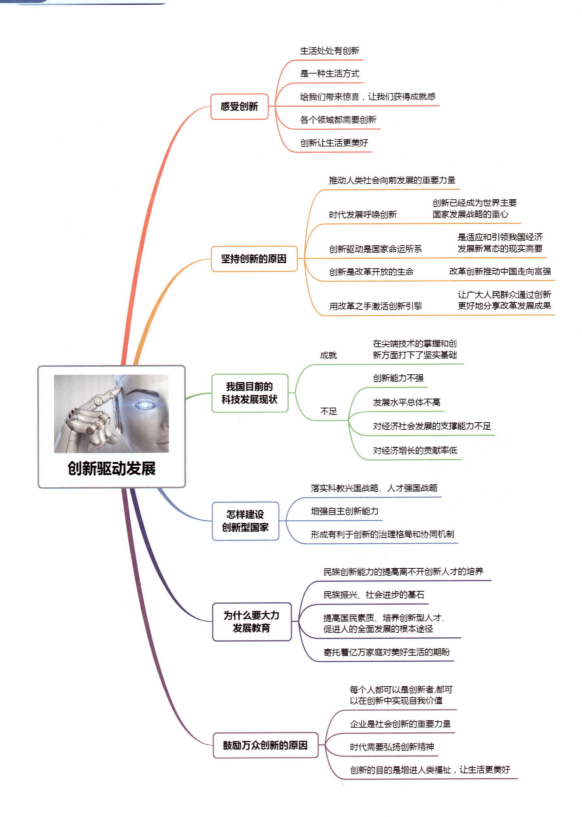

第二单元 民主与法治

第三课 追求民主价值

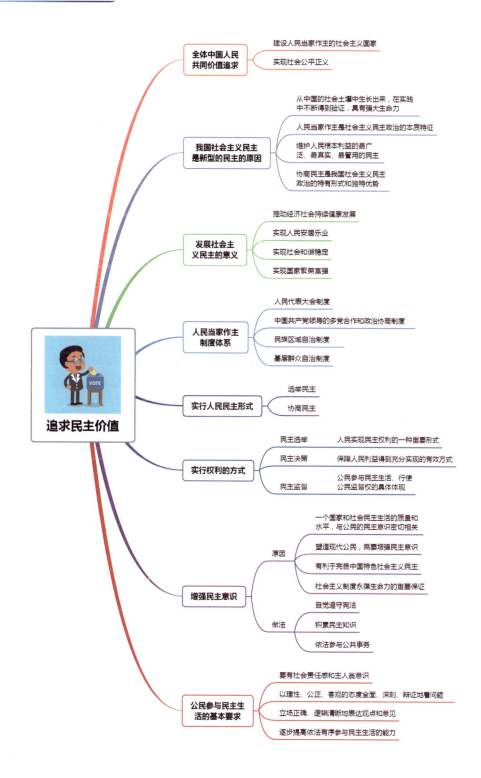

第四课 建设法治中国

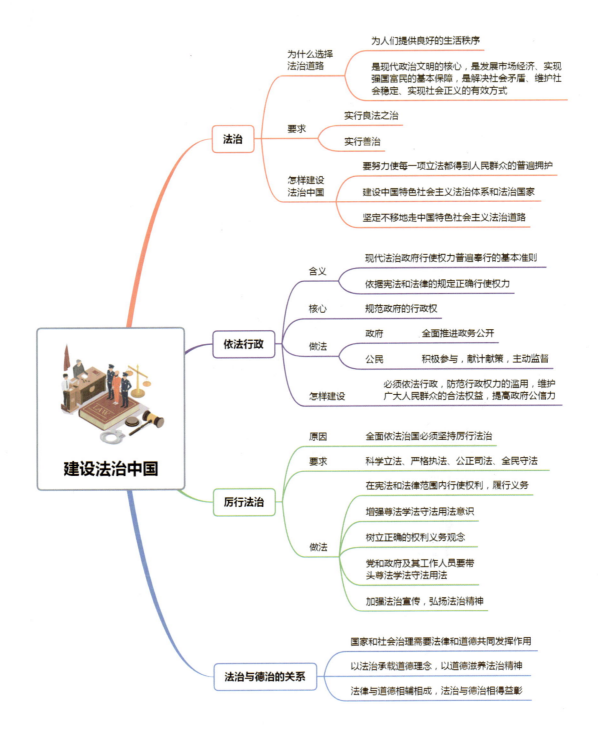

第三单元 文明与家园

第五课 守望精神家园

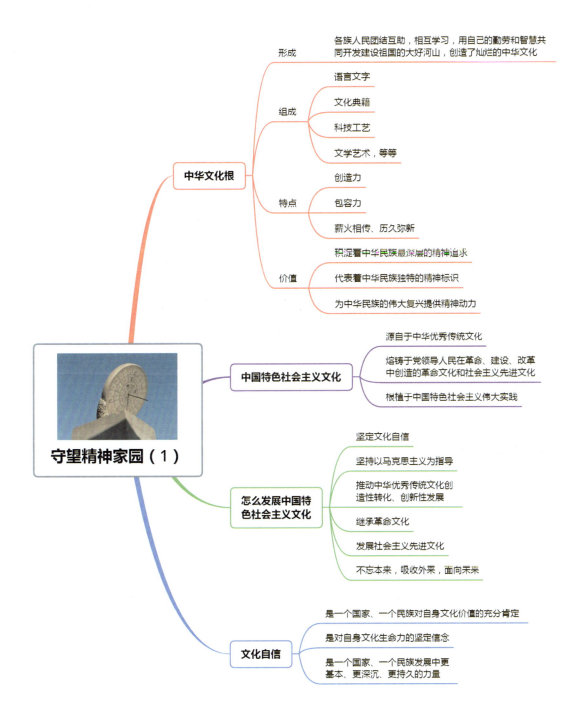

守望精神家园（1）

- 中华文化根
  - 形成：各族人民团结互助，相互学习，用自己的勤劳和智慧共同开发建设祖国的大好河山，创造了灿烂的中华文化
  - 组成
    - 语言文字
    - 文化典籍
    - 科技工艺
    - 文学艺术，等等
  - 特点
    - 创造力
    - 包容力
    - 薪火相传、历久弥新
  - 价值
    - 积淀着中华民族最深层的精神追求
    - 代表着中华民族独特的精神标识
    - 为中华民族的伟大复兴提供精神动力

- 中国特色社会主义文化
  - 源自于中华优秀传统文化
  - 熔铸于党领导人民在革命、建设、改革中创造的革命文化和社会主义先进文化
  - 根植于中国特色社会主义伟大实践

- 怎么发展中国特色社会主义文化
  - 坚定文化自信
  - 坚持以马克思主义为指导
  - 推动中华优秀传统文化创造性转化、创新性发展
  - 继承革命文化
  - 发展社会主义先进文化
  - 不忘本来，吸收外来，面向未来

- 文化自信
  - 是一个国家、一个民族对自身文化价值的充分肯定
  - 是对自身文化生命力的坚定信念
  - 是一个国家、一个民族发展中更基本、更深沉、更持久的力量

37

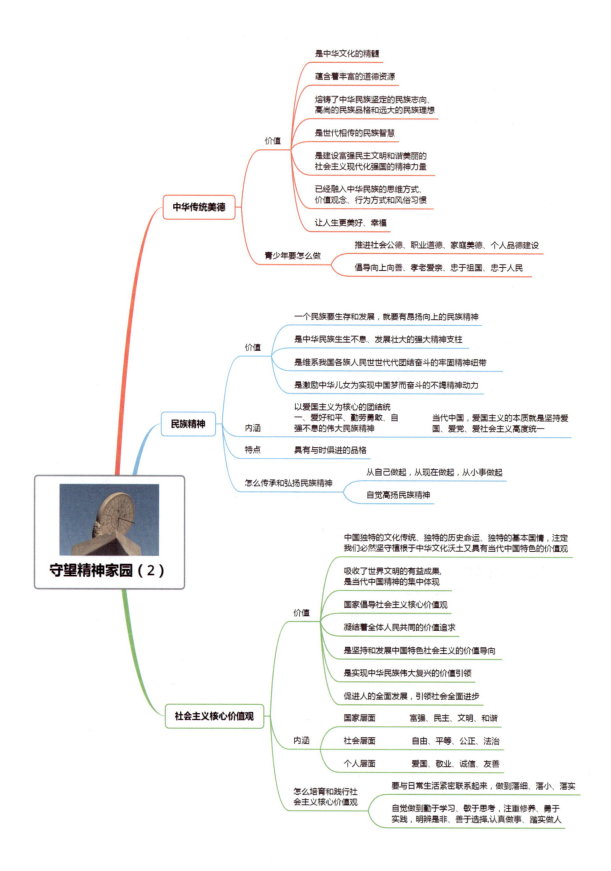

第六课 建设美丽中国

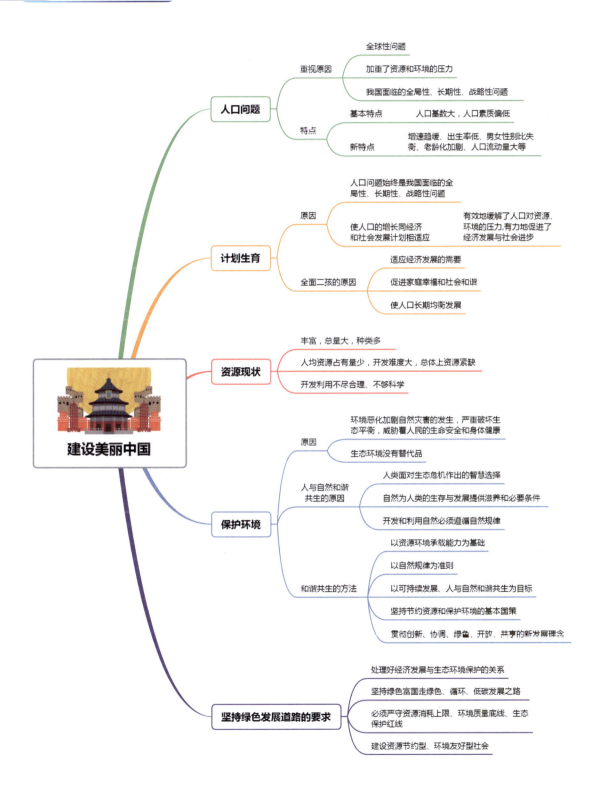

第四单元 和谐与梦想

第七课 中华一家亲

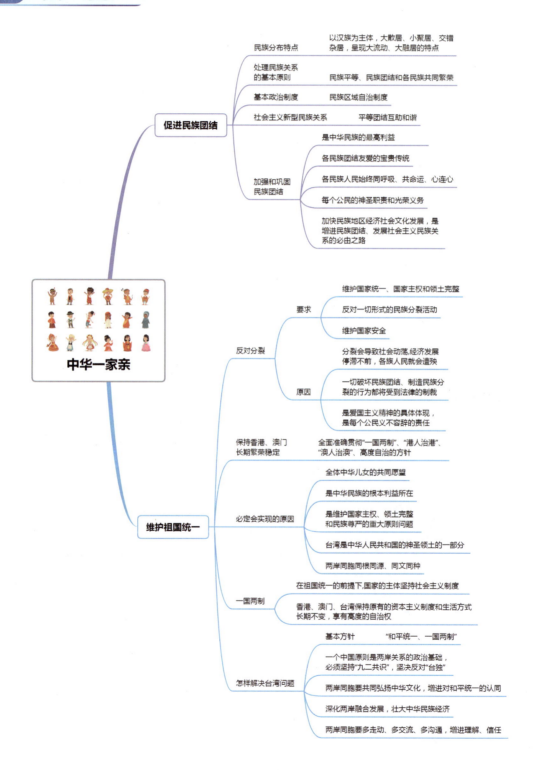

第八课 中国人 中国梦

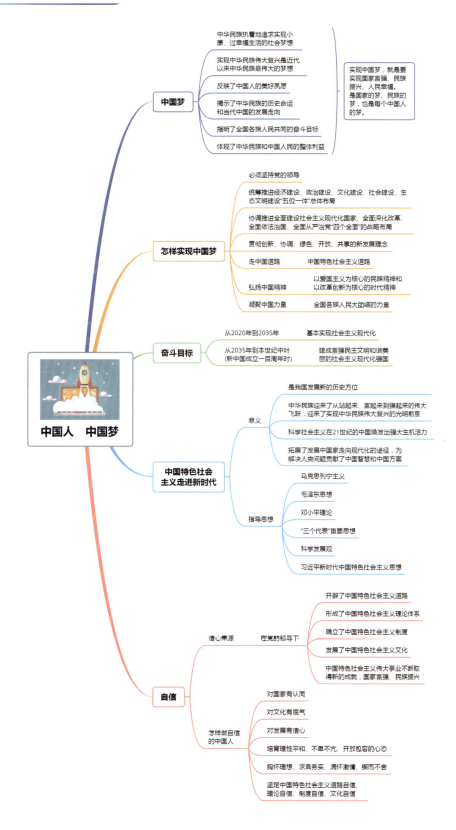

九年级下册《道德与法治》思维导图

第一单元 我们共同的世界

第一课 同住地球村

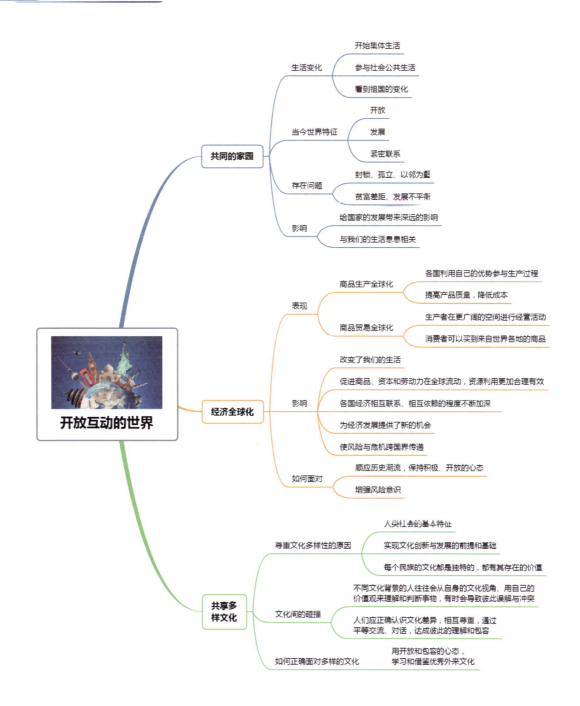

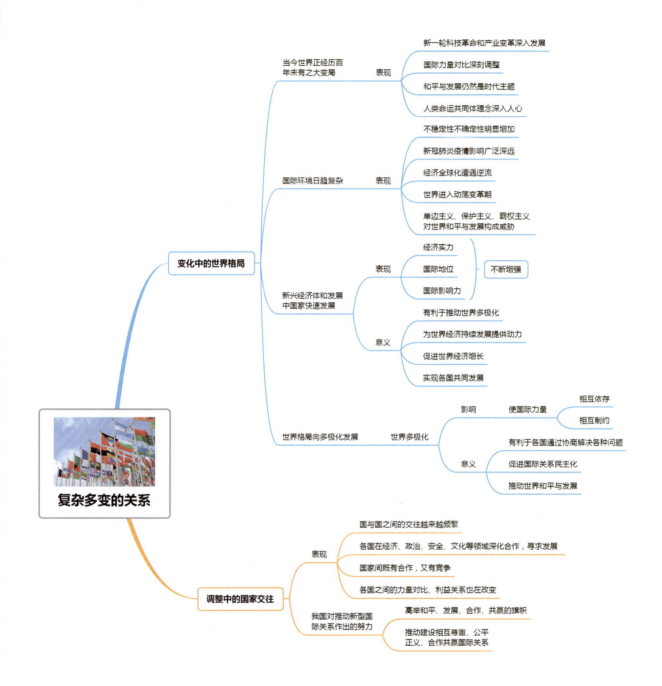

第二课 构建人类命运共同体

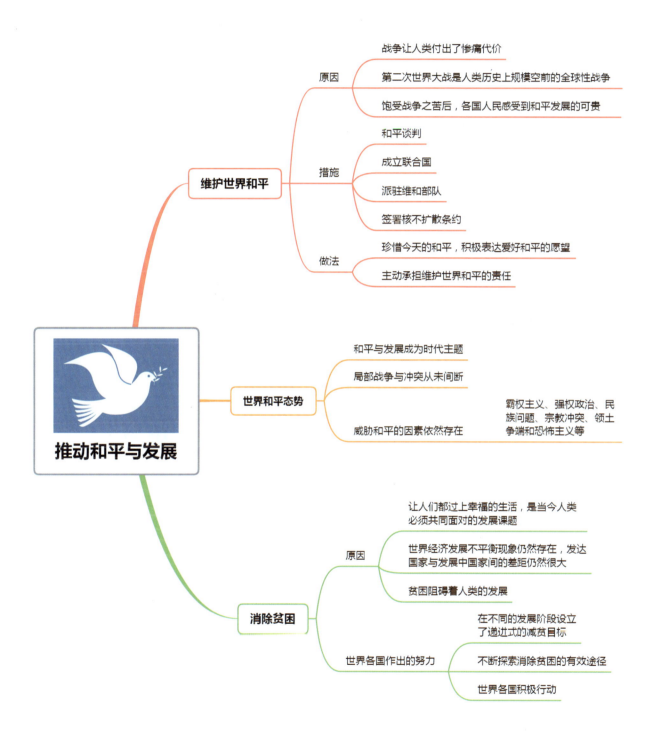

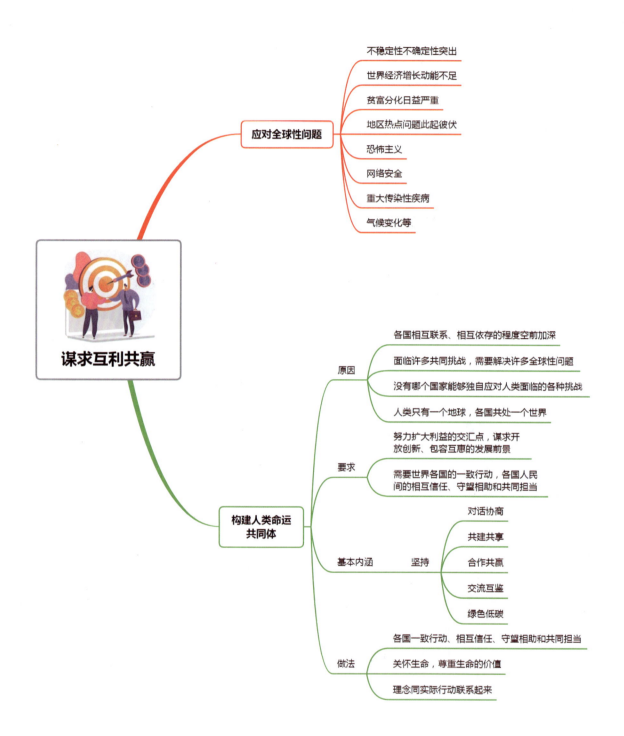

第二单元 世界舞台上的中国

第三课 与世界紧相连

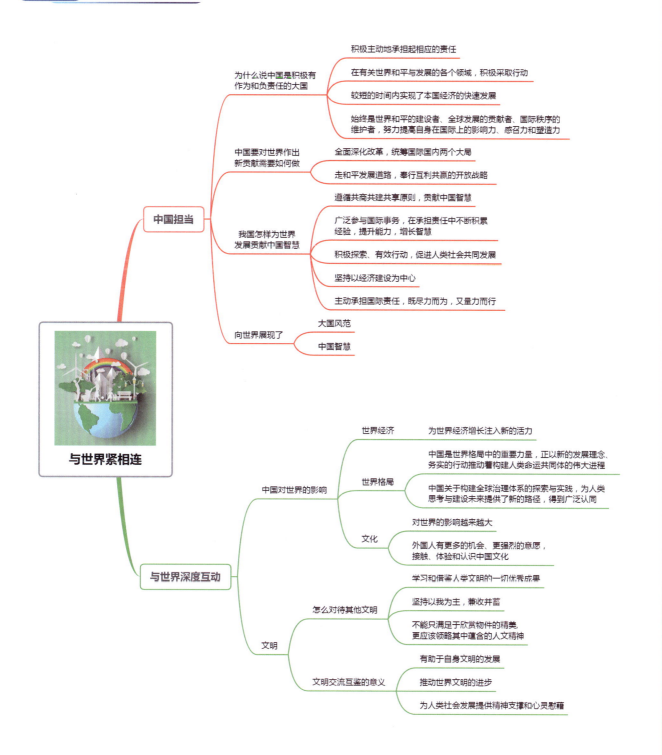

第四课　与世界共发展

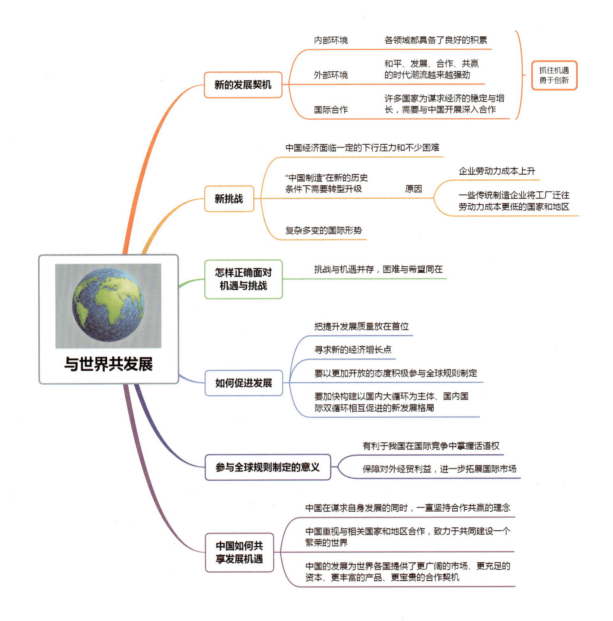

第三单元 走向未来的少年

第五课 少年的担当

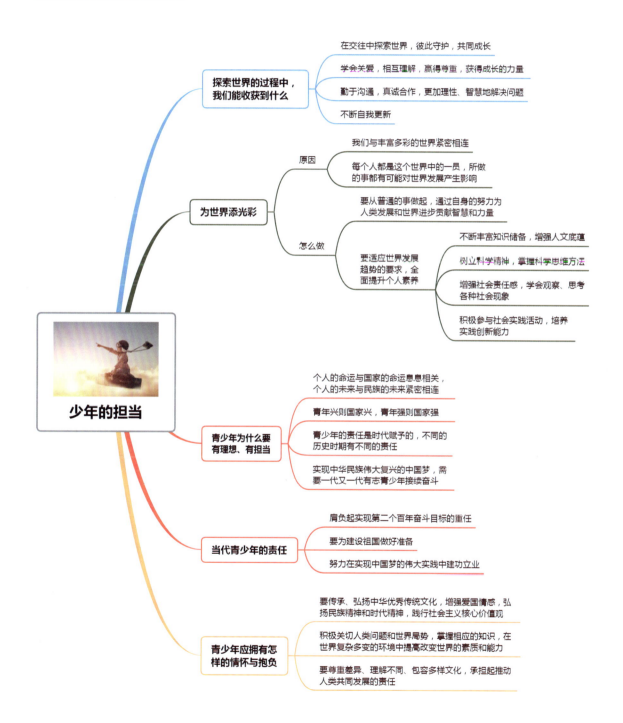

少年的担当

- **探索世界的过程中，我们能收获到什么**
  - 在交往中探索世界，彼此守护，共同成长
  - 学会关爱，相互理解，赢得尊重，获得成长的力量
  - 勤于沟通，真诚合作，更加理性、智慧地解决问题
  - 不断自我更新

- **为世界添光彩**
  - 原因
    - 我们与丰富多彩的世界紧密相连
    - 每个人都是这个世界中的一员，所做的事都有可能对世界发展产生影响
  - 怎么做
    - 要从普通的事做起，通过自身的努力为人类发展和世界进步贡献智慧和力量
    - 要适应世界发展趋势的要求，全面提升个人素养
      - 不断丰富知识储备，增强人文底蕴
      - 树立科学精神，掌握科学思维方法
      - 增强社会责任感，学会观察、思考各种社会现象
      - 积极参与社会实践活动，培养实践创新能力

- **青少年为什么要有理想、有担当**
  - 个人的命运与国家的命运息息相关，个人的未来与民族的未来紧密相连
  - 青年兴则国家兴，青年强则国家强
  - 青少年的责任是时代赋予的，不同的历史时期有不同的责任
  - 实现中华民族伟大复兴的中国梦，需要一代又一代有志青少年接续奋斗

- **当代青少年的责任**
  - 肩负起实现第二个百年奋斗目标的重任
  - 要为建设祖国做好准备
  - 努力在实现中国梦的伟大实践中建功立业

- **青少年应拥有怎样的情怀与抱负**
  - 要传承、弘扬中华优秀传统文化，增强爱国情感，弘扬民族精神和时代精神，践行社会主义核心价值观
  - 积极关切人类问题和世界局势，掌握相应的知识，在世界复杂多变的环境中提高改变世界的素质和能力
  - 要尊重差异、理解不同、包容多样文化，承担起推动人类共同发展的责任

第六课 我的毕业季

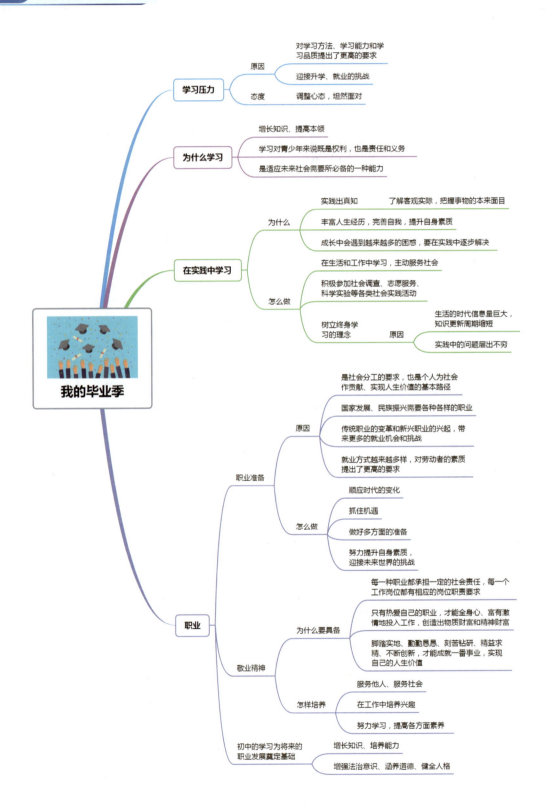

第七课 从这里出发

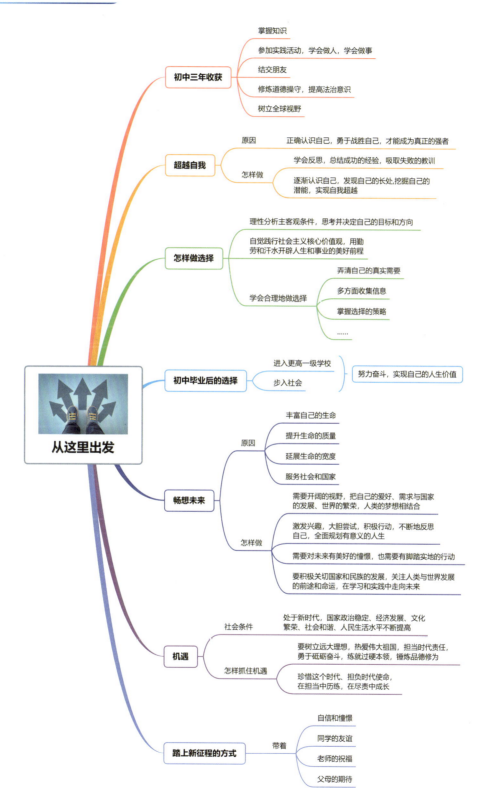

语 文

九年级上册《语文》思维导图与综合知识

九年级上册 古诗词理解性默写

★1. 行路难（其一） 李白

金樽清酒斗十千，玉盘珍羞直万钱。
停杯投箸不能食，拔剑四顾心茫然。
欲渡黄河冰塞川，将登太行雪满山。
闲来垂钓碧溪上，忽复乘舟梦日边。
行路难，行路难，多歧路，今安在？
长风破浪会有时，直挂云帆济沧海。

(1) 诗中李白运用夸张手法，描写宴席奢华精致的诗句是"金樽清酒斗十千，玉盘珍羞直万钱"。

(2) "停杯投箸不能食，拔剑四顾心茫然"，诗人通过细腻的动作描写，表现出内心的苦闷和抑郁。

(3) "闲来垂钓碧溪上，忽复乘舟梦日边"，李白用两个大器晚成的人物姜尚、伊尹来勉励自己，希望自己将来也像他们一样有机会施展才华，成就功业。

(4) 表现诗人的远大抱负以及对未来仍然充满信心的诗句是"长风破浪会有时，直挂云帆济沧海"。

★2. 酬乐天扬州初逢席上见赠 刘禹锡

巴山楚水凄凉地，二十三年弃置身。怀旧空吟闻笛赋，到乡翻似烂柯人。
沉舟侧畔千帆过，病树前头万木春。今日听君歌一曲，暂凭杯酒长精神。

(1) 诗人通过两个典故，感叹岁月流逝、物是人非的诗句是"怀旧空吟闻笛赋，到乡翻似烂柯人"。

(2) "沉舟侧畔千帆过，病树前头万木春"，诗人用沉舟、病树类比自己，揭示新陈代谢的自然规律，同时也表现出积极进取的人生态度。

(3) 诗人感谢友人对自己的鼓励和关心，表明自己要振奋精神，积极进取的诗句是"今日听君歌一曲，暂凭杯酒长精神"。

★3. 水调歌头 苏轼

丙辰中秋，欢饮达旦，大醉，作此篇，兼怀子由。
明月几时有？把酒问青天。不知天上宫阙，今夕是何年。我欲乘风归去，又恐琼楼玉宇，高处不胜寒。起舞弄清影，何似在人间。
转朱阁，低绮户，照无眠。不应有恨，何事长向别时圆？人有悲欢离合，月有阴晴圆缺，此事古难全。但愿人长久，千里共婵娟。

(1) 苏轼的"明月几时有？把酒问青天"与李白的"青天有月来几时？我今停杯一问之"有异曲同工之妙。

(2) 苏轼用"人有悲欢离合，月有阴晴圆缺"，感慨世上难有十全十美之事，不必为暂时的离别而伤感。

(3) 苏轼用"但愿人长久，千里共婵娟"表达了对经受着离别之苦的人们的美好祝愿。

4. 月夜忆舍弟　杜甫

戍鼓断人行，边秋一雁声。露从今夜白，月是故乡明。
有弟皆分散，无家问死生。寄书长不达，况乃未休兵。

诗中"露从今夜白，月是故乡明"，既写景，也点明时令，同时也体现出诗人的思乡之情，情景交融，意蕴绵长。

5. 长沙过贾谊宅　刘长卿

三年谪宦此栖迟，万古惟留楚客悲。秋草独寻人去后，寒林空见日斜时。
汉文有道恩犹薄，湘水无情吊岂知？寂寂江山摇落处，怜君何事到天涯！

"汉文有道恩犹薄，湘水无情吊岂知"，诗中连用两个历史典故，含蓄地表达了诗人的政治主张不被理解，郁闷又无处排解的心情。

6. 左迁至蓝关示侄孙湘　韩愈

一封朝奏九重天，夕贬潮州路八千。欲为圣明除弊事，肯将衰朽惜残年！
云横秦岭家何在？雪拥蓝关马不前。知汝远来应有意，好收吾骨瘴江边。

(1) 诗中写出诗人韩愈因一封奏表，获罪被贬的句子是"一封朝奏九重天，夕贬潮州路八千"。
(2) "云横秦岭家何在？雪拥蓝关马不前"表达了诗人对自己被贬，前途未卜的失落和悲愁。

7. 商山早行　温庭筠

晨起动征铎，客行悲故乡。鸡声茅店月，人迹板桥霜。
槲叶落山路，枳花明驿墙。因思杜陵梦，凫雁满回塘。

(1) "鸡声茅店月，人迹板桥霜"这两句诗全由名词组成，用凝练的语言达到言简意赅的效果，与马致远在《天净沙·秋思》中的"枯藤老树昏鸦，小桥流水人家"有相同风格。
(2) 诗中描写在梦中看到的故乡景象的句子是"因思杜陵梦，凫雁满回塘"。

8. 咸阳城东楼　许浑

一上高城万里愁，蒹葭杨柳似汀洲。
溪云初起日沉阁，山雨欲来风满楼。
鸟下绿芜秦苑夕，蝉鸣黄叶汉宫秋。
行人莫问当年事，故国东来渭水流。

"鸟下绿芜秦苑夕，蝉鸣黄叶汉宫秋"，诗人由实景叠合虚景，由遍地绿芜、黄叶联想到前朝的深宫禁院，抒发自己的吊古之情。

★9. 无题　李商隐

相见时难别亦难，东风无力百花残。春蚕到死丝方尽，蜡炬成灰泪始干。
晓镜但愁云鬓改，夜吟应觉月光寒。蓬山此去无多路，青鸟殷勤为探看。

(1) "相见时难别亦难，东风无力百花残"，诗人在一句之中两次使用"难"字，将离别之痛和相见无期的愁怨之感表达得淋漓尽致。

(2) 我们常用"春蚕到死丝方尽，蜡炬成灰泪始干"赞扬那些在各自岗位上挥洒汗水，贡献青春的人们的无私奉献精神。

(3) 诗中借神话故事进一步表达了相互关切之情的句子是"蓬山此去无多路，青鸟殷勤为探看"。

10．行香子·树绕村庄　秦观

树绕村庄，水满陂塘。倚东风，豪兴徜徉。小园几许，收尽春光。有桃花红，李花白，菜花黄。
远远围墙，隐隐茅堂。飏青旗，流水桥旁。偶然乘兴，步过东冈。正莺儿啼，燕儿舞，蝶儿忙。

由静转动，形象生动地表现出春天生机勃勃的景象的句子是"正莺儿啼，燕儿舞，蝶儿忙"。

11．丑奴儿·书博山道中壁　辛弃疾

少年不识愁滋味，爱上层楼。爱上层楼，为赋新词强说愁。
而今识尽愁滋味，欲说还休。欲说还休，却道"天凉好个秋"！

"欲说还休，却道'天凉好个秋'"，词人欲抒发愁绪，却不便直说，只得转而言天气。表面看似很轻松地转移了话题，实则把愁表现得更深沉。

九年级上册 文言文理解性默写

★1．《岳阳楼记》

(1) 范仲淹用"先天下之忧而忧，后天下之乐而乐"，表达自己心系国事和民生，虽处于被贬境遇，但仍不放弃自己为国分忧的理想和情怀。

(2) 喜和悲是人们最常有的两种情感，范仲淹在《岳阳楼记》中道出了在两者之上的一种更高的理想境界，那就是"不以物喜，不以己悲"。

(3) 范仲淹表述自己时刻都在忧国忧民的句子是"居庙堂之高则忧其民，处江湖之远则忧其君"。

★2．《醉翁亭记》

(1) 文中的"醉翁之意不在酒，在乎山水之间也"把景与情直接联系起来，引出"山水之乐"这一全文的核心思想，为后文奠定了感情基调，成为千古名句。

(2) 文中描写春夏景色的句子是"野芳发而幽香，佳木秀而繁阴"。

(3) 我们常用"水落石出"这个成语形容水落下去，水中石头显露出来的自然景象，这是出自《醉翁亭记》中"风霜高洁，水落而石出者，山间之四时也"。"水落石出"这一成语后来比喻到了一定时候，事情真相彻底暴露。

3．《湖心亭看雪》

(1) 文中"大雪三日，湖中人鸟声俱绝"与柳宗元的"千山鸟飞绝，万径人踪灭"有异曲同工之处。

(2) "天与云与山与水，上下一白"连用三个"与"字，生动描写出了天、云、山、湖水之间白茫茫的混沌景象。

(3) "湖上影子，惟长堤一痕、湖心亭一点、与余舟一芥、舟中人两三粒而已"采用了白描手法，由远及近，由大到小直至微乎其微，描写出湖面的整个环境。

九年级上册 文学常识梳理

1. 《沁园春·雪》选自《毛泽东诗词集》。"沁园春"是词牌名,"雪"是词的题目。作者毛泽东,字润之,诗人,伟大的马克思主义者,伟大的无产阶级革命家、战略家、理论家、文学家,中国共产党、中国人民解放军和中华人民共和国的主要缔造者和领袖。

2. 《周总理,你在哪里》,作者柯岩,满族,当代作家,诗人,与著名诗人贺敬之是夫妻,中共十二大代表,全国人大第八届、第九届代表。周恩来,伟大的马克思主义者,伟大的无产阶级革命家、政治家、军事家、外交家,中国人民解放军和中华人民共和国的主要创建人之一,主要作品收录于《周恩来选集》。

3. 《我爱这土地》,作者艾青,原名蒋正涵,诗人,中国现代诗的代表诗人之一,第一部诗集是《大堰河——我的保姆》。著有长篇小说《绿洲笔记》,诗集《北方》《黎明的通知》《归来的歌》等。

4. 《乡愁》,作者余光中,诗人、散文家。代表作有《舟子的悲歌》《敲打乐》《白玉苦瓜》等。

5. 《你是人间的四月天——一句爱的赞颂》,作者林徽因,建筑学家、文学家,人民英雄纪念碑和中华人民共和国国徽设计者之一,代表作有《你是人间的四月天——一句爱的赞颂》,小说《九十九度中》,等等。

6. 《我看》,作者穆旦,原名查良铮,诗人、翻译家,是"九叶诗派"的代表性诗人,许多现代文学专家推其为现代诗歌第一人。

7. 《敬业与乐业》选自《饮冰室合集》。作者梁启超,字卓如,号任公,别号饮冰室主人,中国近代著名学者,资产阶级改良主义者,戊戌变法领袖之一,著作大多收入《饮冰室合集》。

8. 《就英法联军远征中国致巴特勒上尉的信》,作者雨果,法国作家,是19世纪前期积极浪漫主义文学运动的领袖,代表作有小说《巴黎圣母院》《悲惨世界》《九三年》等。

9. 《论教养》,作者利哈乔夫,苏联学者、作家。

10. 《精神的三间小屋》选自《毕淑敏散文》,作者毕淑敏,国家一级作家。著有长篇小说《红处方》《血玲珑》等。

11. 《岳阳楼记》选自《范仲淹全集》,作者范仲淹,字希文,北宋杰出的政治家、文学家,谥号文正,世称范文正公,代表作《范文正公集》。

12. 《醉翁亭记》选自《欧阳修全集》,作者欧阳修,字永叔,自号醉翁,晚年又号六一居士。北宋文学家,"唐宋八大家"之一。代表作《欧阳文忠公集》。

13. 《湖心亭看雪》,作者张岱,明末清初文学家,文笔清新活泼、趣味盎然,著有《陶庵梦忆》《西湖梦寻》等。

14. 诗词三首(其一)

①《行路难》(其一),作者李白。

②《酬乐天扬州初逢席上见赠》,作者刘禹锡。

③《水调歌头》选自《东坡乐府笺》卷一,作者苏轼。

15. 《故乡》选自《呐喊》,作者鲁迅。

16. 《我的叔叔于勒》选自短篇小说集《羊脂球》。作者莫泊桑,法国作家,与俄国契诃夫和美国欧·亨利并称为"世界三大短篇小说巨匠"。代表作有短篇小说《羊脂球》《项链》,长篇小说《一生》《漂亮朋友》等。

17. 《孤独之旅》节选自《草房子》,作者曹文轩,中国少年写作的积极倡导者、推动者,著有长篇小说《山羊不吃天堂草》《草房子》《红瓦》。

18. 《中国人失掉自信力了吗》选自《且介亭杂文》，作者鲁迅，本文是一篇驳论文。

19. 《怀疑与学问》选自《宝树园文存》，作者顾颉刚，字铭坚，历史学家。代表作有《孟姜女故事研究集》《妙峰山》《顾颉刚民俗论文集》等。

20. 《谈创造性思维》，作者罗迦·费·因格，美国实业家，著作有《当头棒喝》《创造性纸牌》等。

21. 《创造宣言》选自《陶行知全集》，作者陶行知，教育家，主要教育思想是"生活教育"，主要著作有《中国教育改造》《中国大众教育问题》等。

22. 《智取生辰纲》节选自《水浒传》，中国四大名著之一，是一部以北宋末年宋江起义为题材的长篇白话小说。作者施耐庵，元末明初小说家。

23. 《范进中举》节选自《儒林外史》，是我国清代的一部长篇讽刺小说，全书以封建知识分子为主要对象，描写他们的生活和精神状态。作者吴敬梓，字敏轩，晚年自称"文木老人"，清代小说家。

24. 《三顾茅庐》节选自《三国演义》，作者罗贯中，元末明初小说家、戏曲家。《三国演义》是中国四大名著之一，是我国第一部章回体长篇历史演义小说，着重叙述魏、蜀、吴三国的兴衰过程。

25. 《刘姥姥进大观园》节选自《红楼梦》，作者曹雪芹，名霑，字梦阮，号雪芹，清代小说家。《红楼梦》，原名《石头记》，中国四大名著之一，中国古典长篇章回体小说，讲述了以贾家为代表的四大家族的兴衰史，反映了封建社会晚期广阔的社会现实。

26. 课外古诗词诵读

①《月夜忆舍弟》，作者杜甫，唐代诗人。

②《长沙过贾谊宅》，作者刘长卿，唐代诗人。

③《左迁至蓝关示侄孙湘》，作者韩愈。唐代文学家。

④《商山早行》，作者温庭筠，唐代诗人。

⑤《咸阳城东楼》，作者许浑，唐代诗人。

⑥《无题》，作者李商隐，唐代诗人。

⑦《行香子》，作者秦观，北宋词人。行香子，词牌名。

⑧《丑奴儿·书博山道中壁》，作者辛弃疾，南宋词人。丑奴儿，词牌名，又名"采桑子"。

九年级上册 必背文言文思维导图

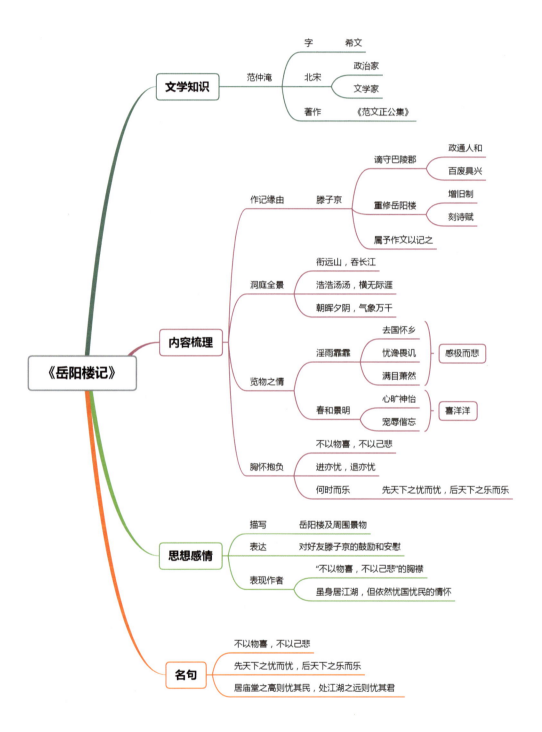

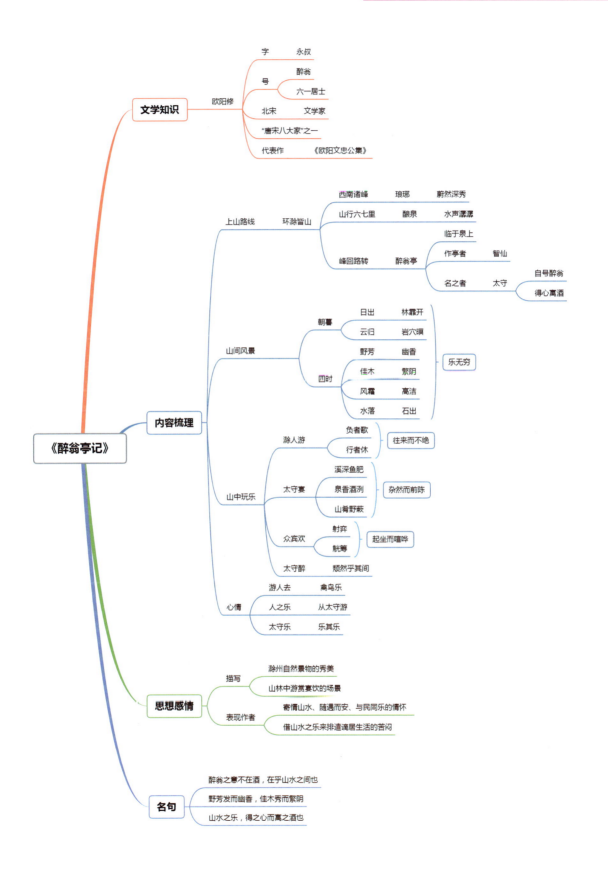

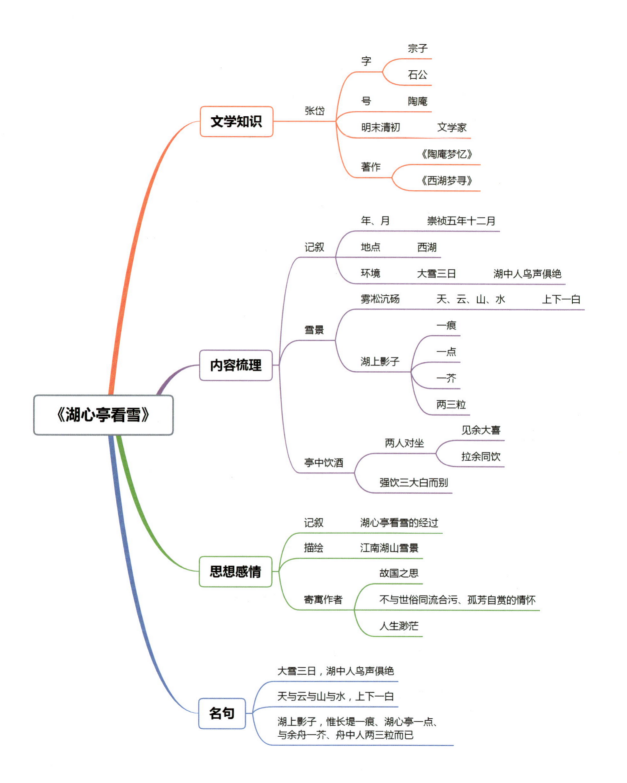

九年级上册 作文思维导图

一、写诗歌

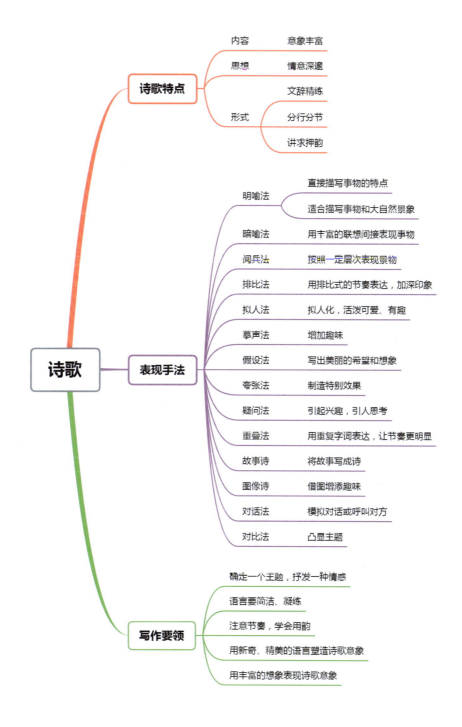

二、论点

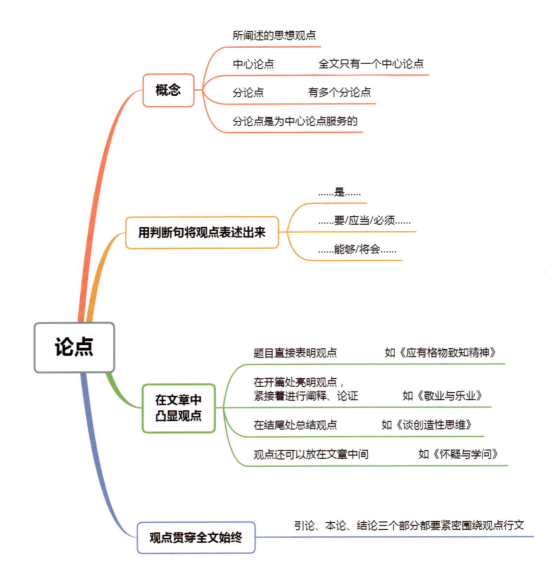

三、议论文要言之有据

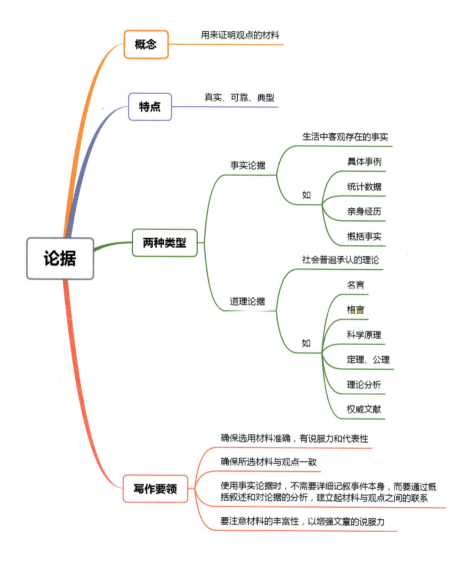

四、缩写

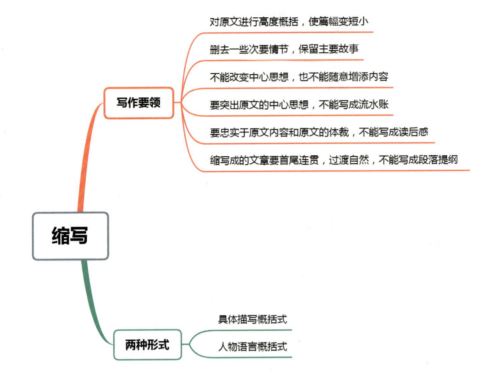

五、论证

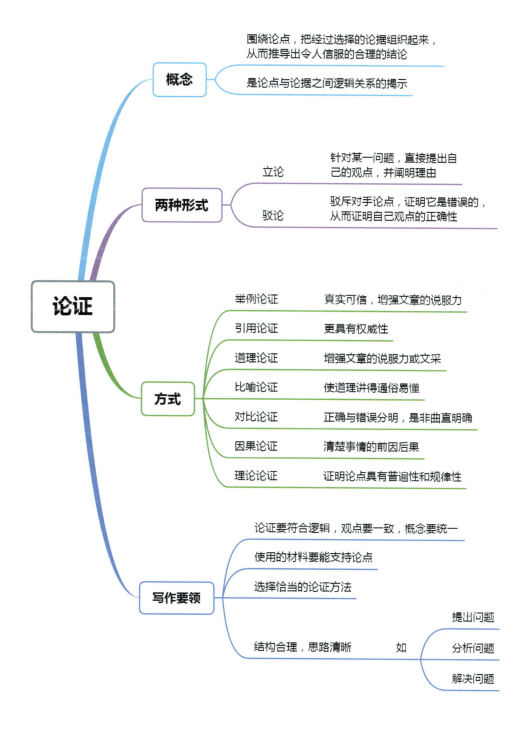

六、改写

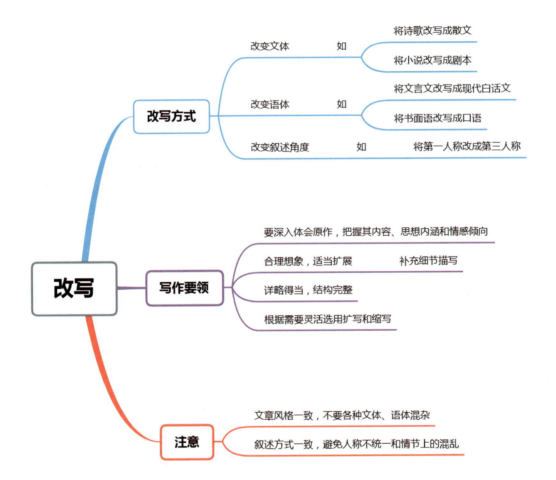

九年级上册 课文各单元总结思维导图

第一单元

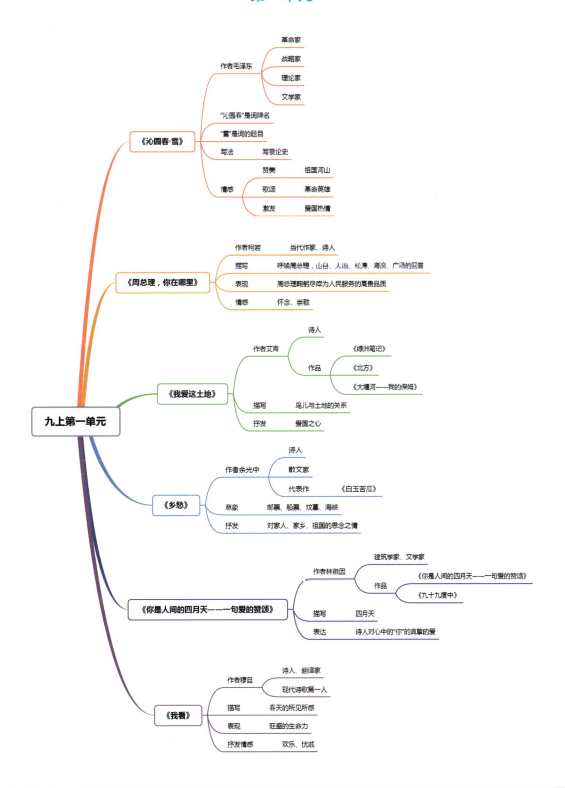

第二单元

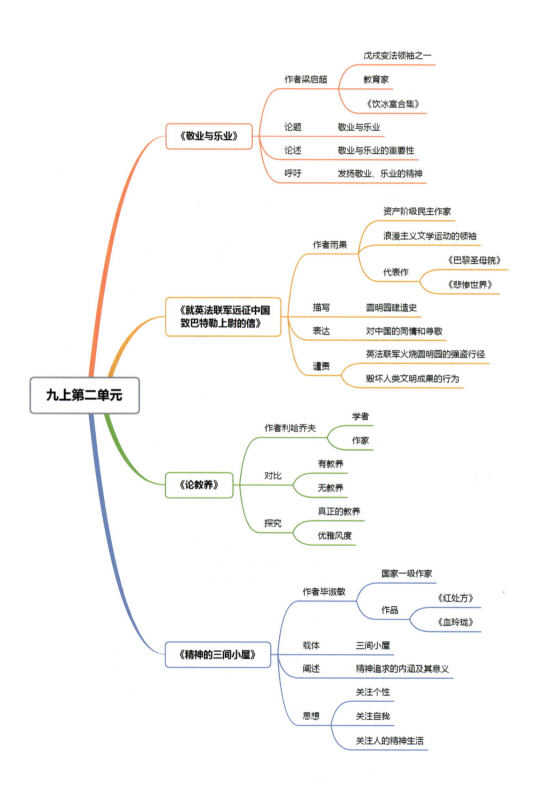

第三单元

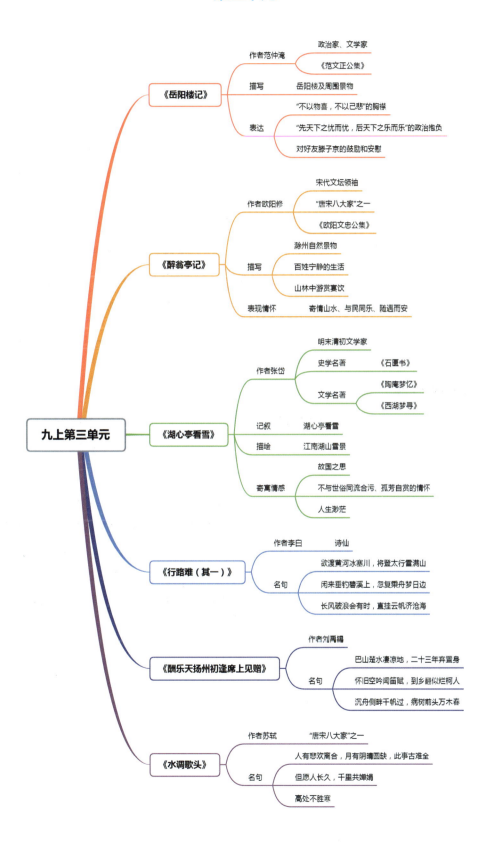

第四单元

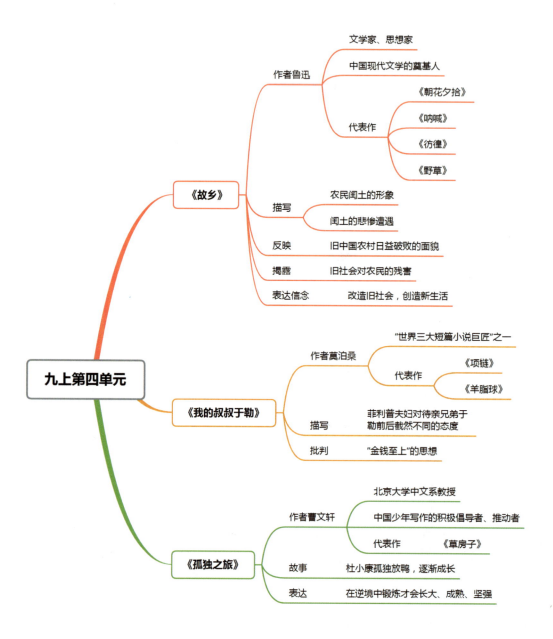

九年级上册《语文》思维导图与综合知识

第五单元

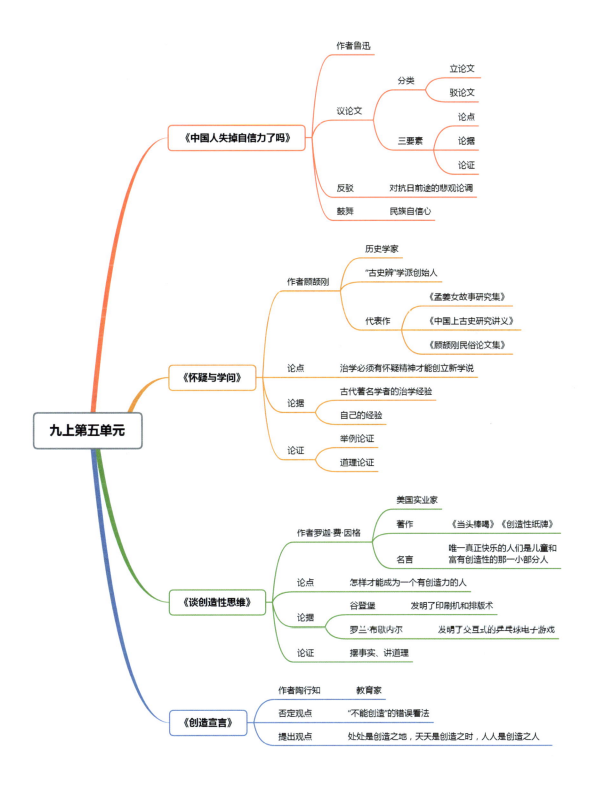

73

第六单元

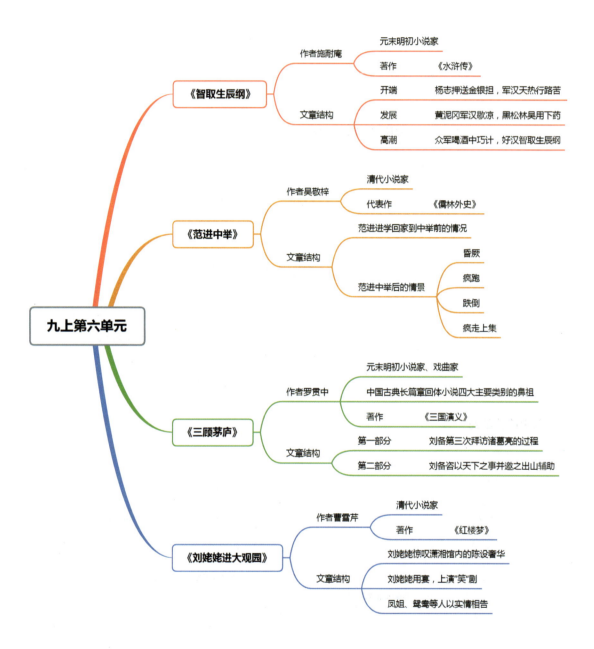

九年级下册《语文》思维导图与综合知识

九年级下册 古诗词理解性默写

★1. 渔家傲·秋思　范仲淹

塞下秋来风景异，衡阳雁去无留意。四面边声连角起，千嶂里，长烟落日孤城闭。
浊酒一杯家万里，燕然未勒归无计。羌管悠悠霜满地，人不寐，将军白发征夫泪。

(1) "塞下秋来风景异，衡阳雁去无留意"将西北边疆秋天风景的独特和荒凉之感表现了出来。
(2) 描写夕阳残照孤城，表现出一幅悲凉奇异景象的句子是"千嶂里，长烟落日孤城闭"。
(3) 词人身负为国家守卫城池之重任，但又不免生出思乡愁绪，于是借用一典故，来抒发这一情感，这两句是"浊酒一杯家万里，燕然未勒归无计"。
(4) "人不寐，将军白发征夫泪"细腻地刻画出词人心系家国，同时又壮志难酬的复杂情感。

★2. 江城子·密州出猎　苏轼

老夫聊发少年狂，左牵黄，右擎苍，锦帽貂裘，千骑卷平冈。为报倾城随太守，亲射虎，看孙郎。
酒酣胸胆尚开张。鬓微霜，又何妨！持节云中，何日遣冯唐？会挽雕弓如满月，西北望，射天狼。

(1) 苏轼在这首词中描写众人狩猎的壮阔场景的词句是"锦帽貂裘，千骑卷平冈"。
(2) 苏轼以三国孙权自喻，表达自己希望建功立业的句子是"为报倾城随太守，亲射虎，看孙郎"。
(3) "持节云中，何日遣冯唐"表达了苏轼渴望朝廷能够委以重任、为国建功的思想。
(4) 苏轼用"会挽雕弓如满月，西北望，射天狼"表达了自己渴望到边疆，挽弓射箭，为国御敌的豪情壮志。

★3. 破阵子·为陈同甫赋壮词以寄之　辛弃疾

醉里挑灯看剑，梦回吹角连营。八百里分麾下炙，五十弦翻塞外声，沙场秋点兵。
马作的卢飞快，弓如霹雳弦惊。了却君王天下事，赢得生前身后名。可怜白发生！

(1) 辛弃疾借长剑和梦境，抒发自己杀敌报国之志的名句是"醉里挑灯看剑，梦回吹角连营"，这两句与陆游的"夜阑卧听风吹雨，铁马冰河入梦来"有异曲同工之妙。
(2) "八百里分麾下炙，五十弦翻塞外声"以工整的对仗形式，从形、声两方面着笔，描写战争前犒劳出征士卒，奏乐以激励军心的情景，烘托了豪迈热烈的气氛。
(3) 用马快弦急说明战斗激烈的句子是"马作的卢飞快，弓如霹雳弦惊"。
(4) 辛弃疾用"了却君王天下事，赢得生前身后名"，表达了他希望恢复河山、建功立业的豪情壮志。

★4. 满江红　秋瑾

小住京华，早又是中秋佳节。为篱下黄花开遍，秋容如拭。四面歌残终破楚，八年风味徒思浙。苦将侬强派作蛾眉，殊未屑！
身不得，男儿列，心却比，男儿烈。算平生肝胆，因人常热。俗子胸襟谁识我？英雄末路当磨折。莽红尘何处觅知音？青衫湿！

(1)"四面歌残终破楚,八年风味徒思浙",词人用四面楚歌的典故,表达自己希望冲破封建家庭束缚的心态。

(2)"俗子胸襟谁识我?英雄末路当磨折"写出了词人虽有济世救国的理想,但不被世俗所理解,无处发挥的感慨。

(3)"莽红尘何处觅知音?青衫湿"表达了作者知音难觅的苦闷及对自己前途的忧虑。

5. 定风波　苏轼

三月七日,沙湖道中遇雨,雨具先去,同行皆狼狈,余独不觉。已而遂晴,故作此词。
　　莫听穿林打叶声,何妨吟啸且徐行。竹杖芒鞋轻胜马,谁怕?一蓑烟雨任平生。
　　料峭春风吹酒醒,微冷,山头斜照却相迎。回首向来萧瑟处,归去,也无风雨也无晴。

(1)"竹杖芒鞋轻胜马,谁怕?一蓑烟雨任平生",表现了苏轼虽身处逆境,屡遭挫折,但依然乐观豁达的心态。

(2)"莫听穿林打叶声,何妨吟啸且徐行",一方面写出了外面风急雨大的场景;另一方面又以"莫听"二字,表明不要被外界环境干扰内心的思想。

6. 临江仙·夜登小阁,忆洛中旧游　陈与义

　　忆昔午桥桥上饮,坐中多是豪英。长沟流月去无声。杏花疏影里,吹笛到天明。
　　二十余年如一梦,此身虽在堪惊。闲登小阁看新晴。古今多少事,渔唱起三更。

"古今多少事,渔唱起三更"中,词人将历史变迁,国恨家愁,都融入"渔唱"之中,表达了词人寂寞悲凉的情感。

7. 太常引·建康中秋夜为吕叔潜赋　辛弃疾

　　一轮秋影转金波,飞镜又重磨。把酒问姮娥:被白发,欺人奈何?
　　乘风好去,长空万里,直下看山河。斫去桂婆娑,人道是,清光更多。

"把酒问姮娥:被白发,欺人奈何"辛弃疾借用神话传说,以表达自己怀才不遇、理想不能实现的愤懑。

8. 浣溪沙　纳兰性德

　　身向云山那畔行,北风吹断马嘶声,深秋远塞若为情!
　　一抹晚烟荒戍垒,半竿斜日旧关城。古今幽恨几时平!

纳兰性德在《浣溪沙》中用"一抹晚烟荒戍垒,半竿斜日旧关城"勾勒了一幅充满萧索之气的边塞风光,与王维的"大漠孤烟直,长河落日圆"有异曲同工之妙。

★9. 十五从军征　汉乐府

　　十五从军征,八十始得归。道逢乡里人:"家中有阿谁?"
　　"遥看是君家,松柏冢累累。"兔从狗窦入,雉从梁上飞。
　　中庭生旅谷,井上生旅葵。舂谷持作饭,采葵持作羹。
　　羹饭一时熟,不知饴阿谁。出门东向看,泪落沾我衣。

(1)诗中描写老兵回家后看到庭院里野草丛生、荒凉破败的景象的诗句是"中庭生旅谷,井上生

旅葵"。

(2) 诗中用"羹饭一时熟，不知饴阿谁"暗示了老兵孤苦伶仃、无依无靠的状态。

(3) "出门东向看，泪落沾我衣"两句诗，用动作描写进一步表现出老兵的孤苦和内心的悲凉。

★10. 白雪歌送武判官归京　岑参

北风卷地白草折，胡天八月即飞雪。忽如一夜春风来，千树万树梨花开。
散入珠帘湿罗幕，狐裘不暖锦衾薄。将军角弓不得控，都护铁衣冷难着。
瀚海阑干百丈冰，愁云惨淡万里凝。中军置酒饮归客，胡琴琵琶与羌笛。
纷纷暮雪下辕门，风掣红旗冻不翻。轮台东门送君去，去时雪满天山路。
山回路转不见君，雪上空留马行处。

(1) "北风卷地白草折，胡天八月即飞雪"写出了边塞八月飞雪的壮丽景色。

(2) "忽如一夜春风来，千树万树梨花开"两句诗，比喻新颖传神，将塞北雪比喻成春日梨花，想象奇特，成为千古传诵的咏雪名句。现在我们常用这两句诗来形容忽然兴起的充满生机的新生事物。

(3) 虽然天气寒冷，将士们却克服严寒，拉弓练兵，积极备战的诗句是"将军角弓不得控，都护铁衣冷难着"。

(4) 诗中由咏雪过渡到送别，承上启下的诗句是"瀚海阑干百丈冰，愁云惨淡万里凝"。

(5) "纷纷暮雪下辕门，风掣红旗冻不翻"，一动一静，白雪与红旗相互映衬，衬托出边关将士不畏艰险的英雄气概。

(6) 描写了诗人对友人和边关将士们的惜别之情的句子是"山回路转不见君，雪上空留马行处"。

★11. 南乡子·登京口北固亭有怀　辛弃疾

何处望神州？满眼风光北固楼。千古兴亡多少事？悠悠。不尽长江滚滚流。
年少万兜鍪，坐断东南战未休。天下英雄谁敌手？曹刘。生子当如孙仲谋。

(1) "何处望神州？满眼风光北固楼"，表达了诗人渴望为国收复失地的情怀和报国无门的失落之感。

(2) 词中刻画孙权英雄形象的句子是"年少万兜鍪，坐断东南战未休"。

(3) 描绘江水东流，抒发怀古情感的句子是"悠悠，不尽长江滚滚流"。

★12. 过零丁洋　文天祥

辛苦遭逢起一经，干戈寥落四周星。山河破碎风飘絮，身世浮沉雨打萍。
惶恐滩头说惶恐，零丁洋里叹零丁。人生自古谁无死？留取丹心照汗青。

(1) "山河破碎风飘絮，身世浮沉雨打萍"，从国家和个人两方面展开叙述，再加入形象的比喻，深刻地描写了国家和个人命运都很糟糕的局面。

(2) "惶恐滩头说惶恐，零丁洋里叹零丁"，诗句巧借两个富有感情色彩的地名，流露出复国无望的惶恐和身陷敌人囹圄的悲叹。

(3) 诗中表现诗人决心舍生取义，以死明志的名句是"人生自古谁无死？留取丹心照汗青"。

13. 山坡羊·潼关怀古　张养浩

峰峦如聚，波涛如怒，山河表里潼关路。望西都，意踌躇。
伤心秦汉经行处，宫阙万间都做了土。兴，百姓苦；亡，百姓苦。

(1) "峰峦如聚，波涛如怒"两句赋予山河生命和情感，表现出潼关地势的险峻。

(2) "伤心秦汉经行处，宫阙万间都做了土"表达出作者对朝代更迭、世事变幻无常的感慨。

(3) 曲中张养浩表达对百姓深切同情的句子是"兴，百姓苦，亡，百姓苦"。

14. 南安军　文天祥

梅花南北路，风雨湿征衣。出岭同谁出？归乡如此归！
山河千古在，城郭一时非。饿死真吾志，梦中行采薇。

"饿死真吾志，梦中行采薇"，诗人通过描写梦境和典故，抒发自己的爱国之情和抱负。

15. 别云间　夏完淳

三年羁旅客，今日又南冠。无限山河泪，谁言天地宽。
已知泉路近，欲别故乡难。毅魄归来日，灵旗空际看。

生前未能完成大业，死后也要亲眼看到后继者继续战斗，恢复江山，表现了诗人至死不渝的爱国情怀的诗句是"毅魄归来日，灵旗空际看"。

16. 山坡羊·骊山怀古　张养浩

骊山四顾，阿房一炬，当时奢侈今何处？只见草萧疏，水萦纡。
至今遗恨迷烟树。列国周齐秦汉楚。赢，都变做了土；输，都变做了土。

"赢，都变做了土；输，都变做了土"，这是作者对历史变迁规律的思考和对世事变幻无常的感叹。

17. 朝天子·咏喇叭　王磐

喇叭，唢呐，曲儿小腔儿大。官船来往乱如麻，全仗你抬声价。军听了军愁，民听了民怕。哪里去辨甚么真共假？眼见的吹翻了这家，吹伤了那家，只吹的水尽鹅飞罢！

曲中借物抒怀，形象地描写了宦官害民，搜刮百姓，让很多百姓倾家荡产的句子是"眼见的吹翻了这家，吹伤了那家，只吹的水尽鹅飞罢"。

九年级下册 文言文理解性默写

★1.《鱼我所欲也》

(1) 我们常用"鱼和熊掌不可兼得"来表述二者选其一的状况，这句话源自孟子《鱼我所欲也》中的"鱼，我所欲也；熊掌，亦我所欲也。二者不可得兼，舍鱼而取熊掌者也"。

(2) 许多仁人志士在"生"与"义"不能兼得时，常用"二者不可得兼，舍生而取义者也"作为自己选择的标准。

(3) 中华民族历史上有很多坚守气节，不趋附权势，不贪图富贵的人，正如孟子在《鱼我所欲也》中所说"万钟则不辩礼义而受之，万钟于我何加焉"。

★2.《唐雎不辱使命》

(1) 秦王企图以"易地"的谎言谋取安陵的句子是"寡人欲以五百里之地易安陵，安陵君其许寡人"。

(2) 秦王骄横跋扈，企图用"天子之怒"威胁唐雎，令唐雎屈服的句子是"天子之怒，伏尸百万，流血千里"。

(3) 表明唐雎为了捍卫国家利益，不惜与秦王同归于尽的句子是"若士必怒，伏尸二人，流血五步，天下缟素"。

★3.《送东阳马生序》

(1) 明代大儒宋濂年少时家贫，无书可看，他解决的办法是"每假借于藏书之家，手自笔录"。

(2) 宋濂述说自己求学时，生活条件艰苦，但面对同舍室友的奢华生活，他甘于清贫，不慕富贵，原因是"以中有足乐者，不知口体之奉不若人也"。

(3) 宋濂认为学习结果的好坏主要取决于勤奋和专心的程度，他在《送东阳马生序》中这样论述："其业有不精、德有不成者，非天质之卑，则心不若余之专耳，岂他人之过哉"。

4.《曹刿论战》

(1) 战争来临，乡人劝曹刿远离政事，曹刿用"肉食者鄙，未能远谋"来表明原因。

(2) 文中能够体现国君鲁庄公勤于政事，民心所向，具备打赢这场战争的条件的句子是"小大之狱，虽不能察，必以情"。

(3) 文中描写曹刿全面仔细观察敌情的句子是"下视其辙，登轼而望之"。

(4) 我们常用"一鼓作气"来形容要趁劲头最足的时候果断行事，这句话出自《曹刿论战》"一鼓作气，再而衰，三而竭"。

5.《邹忌讽齐王纳谏》

(1) 面对周围人的赞美和恭维，邹忌没有迷失其中，而是反思出这样一个道理："吾妻之美我者，私我也；妾之美我者，畏我也；客之美我者，欲有求于我也"。

(2) 邹忌将自己的经历，类比到君主身上，推导出国君听不到真话的缘由，他对国君陈述理由的语句是"宫妇左右莫不私王，朝廷之臣莫不畏王，四境之内莫不有求于王"。

(3) 文中描写齐王采纳邹忌的建议后，朝堂上下积极进言的句子是"群臣进谏，门庭若市"。

(4) 齐王纳谏后的结果是"燕、赵、韩、魏闻之，皆朝于齐"。

6.《陈涉世家》

(1) 文中表现出陈涉远大理想的语句是"嗟乎！燕雀安知鸿鹄之志哉"，我们现在也常用鸿鹄之志，来表现一个人的志向远大。

(2) "王侯将相宁有种乎"表明了陈涉冲破封建世袭制度的决心，并以此来鼓舞士气，激发同行者反抗暴秦的信心。

★7.《出师表》

(1) 诸葛亮分析当下的局势不利，危在旦夕的语句是"今天下三分，益州疲弊，此诚危急存亡之秋也"。

(2) 诸葛亮劝谏刘禅对奖功罚过要一视同仁的语句是"陟罚臧否，不宜异同"。

(3) 诸葛亮认为西汉兴盛的原因是"亲贤臣，远小人"，东汉衰败的原因是"亲小人，远贤臣"，借此来提醒刘禅要明辨忠奸。

(4) 诸葛亮表明了他淡泊名利的句子是"苟全性命于乱世，不求闻达于诸侯"。

(5) 文中写出了诸葛亮临危受命的名句是"受任于败军之际，奉命于危难之间"。

九年级下册 文学常识梳理

1. 《祖国啊，我亲爱的祖国》，作者舒婷，当代女诗人、作家，朦胧诗派的代表人物之一，代表作有《致橡树》《双桅船》《舒婷、顾城抒情诗选》。

2. 《梅岭三章》，作者陈毅，中国人民解放军创建人和领导人之一，无产阶级革命家、军事家，1977年其遗作专集《陈毅诗词选集》出版。

3. ①《月夜》选自《沈尹默诗词集》，作者沈尹默，诗人、书法家，新文化运动的倡导者之一。代表作品有《秋明室杂诗》《秋明长短句》等。

②《萧红墓畔口占》，作者戴望舒，现代诗人、翻译家，主要作品有诗集《望舒草》《望舒诗稿》《灾难的岁月》《我的记忆》等。

③《断章》，作者卞之琳，诗人、翻译家，"新月派"代表诗人，主要作品有诗集《鱼目集》《慰劳信集》《雕虫纪历》，合集《汉园集》等。

④《风雨吟》选自《芦荻诗选》，作者芦荻，诗人，主要作品有诗集《桑野》《驰驱集》等。

⑤《统一》，作者聂鲁达，智利诗人。代表作有诗集《黄昏》《二十首情诗和一支绝望的歌》。

4. 《海燕》是高尔基写的短篇小说"幻想曲"《春天的旋律》的结尾部分。高尔基，苏联作家，主要作品有长篇小说《母亲》，自传体小说《童年》《在人间》《我的大学》等。

5. 《孔乙己》选自《呐喊》，作者鲁迅。

6. 《变色龙》选自《契诃夫小说选》，作者契诃夫，俄国作家、戏剧家，主要作品有小说《第六病室》《装在套子里的人》《小公务员之死》，剧本《樱桃园》等。

7. 《溜索》选自《遍地风流》，作者阿城，当代寻根小说的重要代表作家，代表作为小说《棋王》。

8. 《蒲柳人家》(节选)，作者刘绍棠，作家，"荷花淀派"的代表作家之一。主要作品有短篇小说《蛾眉》，中篇小说《蒲柳人家》《运河的桨声》，长篇小说《京门脸子》等。

9. 《鱼我所欲也》选自《孟子·告子上》。孟子，名轲，字子舆。战国时期著名的思想家、教育家，儒家代表人物之一。孟子继承并发扬了孔子的思想，有"亚圣"之称，与孔子合称为"孔孟"，与弟子一起著有《孟子》一书。宋朝朱熹把《孟子》《论语》《大学》《中庸》合称为"四书"。

10. 《唐雎不辱使命》选自《战国策·魏策四》。《战国策》是西汉刘向根据战国时期史料整理编辑的国别体史书，共三十三篇，分国编次。

11. 《送东阳马生序》选自《宋濂全集》，作者宋濂，字景濂，号潜溪，元末明初文学家，与高启、刘基并称为"明初诗文三大家"，被明太祖朱元璋誉为"开国文臣之首"。

12. 词四首

①《渔家傲·秋思》，作者范仲淹。

②《江城子·密州出猎》选自《东坡乐府笺》，作者苏轼。

③《破阵子·为陈同甫赋壮词以寄之》选自《稼轩词编年笺注》，作者辛弃疾。

④《满江红》选自《秋瑾集》，作者秋瑾，字璇卿，号竞雄，别署鉴湖女侠，中国民主革命烈士，有《秋瑾诗词》《秋女士遗稿》等存世。

13. 短文两篇

①《谈读书》，作者弗朗西斯·培根，英国哲学家、作家，主要作品有《随笔》《新工具论》等。

②《不求甚解》选自《燕山夜话》，作者马南邨，原名邓拓，新闻记者、政论家、杂文作家，主要作品有杂文集《燕山夜话》、诗词集《邓拓诗词选》等。

14. 《山水画的意境》选自《李可染论艺术》，作者李可染，中国近代杰出的画家、诗人，以山水画成就最高，尤其擅长画牛。代表画作有《漓江胜景图》《井冈山》等。

15. 《无言之美》，作者朱光潜，美学家、翻译家，我国现代美学的开拓者和奠基者之一，主要著作有《文艺心理学》《谈美》《西方美学史》等。

16. 《驱遣我们的想象》，作者叶圣陶。

17. 《屈原》(节选)，作者郭沫若，代表作品有诗集《女神》，诗歌戏曲散文集《星空》，历史剧《屈原》《虎符》等。

18. 《天下第一楼》(节选)，作者何冀平。中国作家、编剧、制作人。

19. 《枣儿》，作者孙鸿，靖江戏剧小品作家。

20. 《曹刿论战》节选自《左传》，《左传》又称《左氏春秋》，旧传为春秋时期左丘明所作，近人认为是战国时人所编，是一部编年体史书。编年体史书是以时间为线索编排相关历史事件的史书。

21. 《邹忌讽齐王纳谏》选自《战国策》。

22. 《陈涉世家》为《史记》其中一篇，《史记》是司马迁撰写的一部纪传体史书，是中国历史上第一部纪传体通史，被列为"二十四史"之首，记载了上至上古传说中的黄帝时代，下至汉武帝太初四年间共3 000多年的历史。全书共一百三十篇。《史记》对后世史学和文学的发展都产生了深远影响。

司马迁，字子长，西汉史学家、文学家，被后人尊称为"史圣"。

23. 《出师表》选自《诸葛亮集·文集》。作者诸葛亮，字孔明，三国时期蜀汉丞相，政治家、军事家、文学家。后人以"智圣"誉之。代表作品有《出师表》《诫子书》等。

24. 诗词曲五首

① 《十五从军征》选自《乐府诗集》。

② 《白雪歌送武判官归京》选自《岑参集校注》，作者岑参，唐代边塞诗人。

③ 《南乡子·登京口北固亭有怀》选自《稼轩词编年笺注》，作者辛弃疾。南乡子，词牌名。

④ 《过零丁洋》选自《文天祥诗集校笺》，作者文天祥，南宋政治家、文学家。代表作品有《正气歌》《过零丁洋》等。

⑤ 《山坡羊·潼关怀古》选自《全元散曲》，作者张养浩，元代文学家，所作散曲以豪放著称，代表作品有《三事忠告》《山坡羊·潼关怀古》等。

25. 课外古诗词诵读

① 《定风波》，作者苏轼，宋朝诗人、词人。

② 《临江仙·夜登小阁，忆洛中旧游》，作者陈与义，宋代诗人。

③ 《太常引·建康中秋夜为吕叔潜赋》，作者辛弃疾，南宋豪放派词人。

④ 《浣溪沙》，作者纳兰性德，清代满族词人，词集有《侧帽集》《饮水词》等。

⑤ 《南安军》，作者文天祥，南宋政治家、文学家。

⑥ 《别云间》，作者夏完淳，明末抗清英雄。

⑦ 《山坡羊·骊山怀古》，作者张养浩，元代文学家，所作散曲以豪放著称。

⑧ 《朝天子·咏喇叭》，作者王磐，号西楼，明代散曲家。朝天子，曲牌名。

九年级下册 必背文言文思维导图

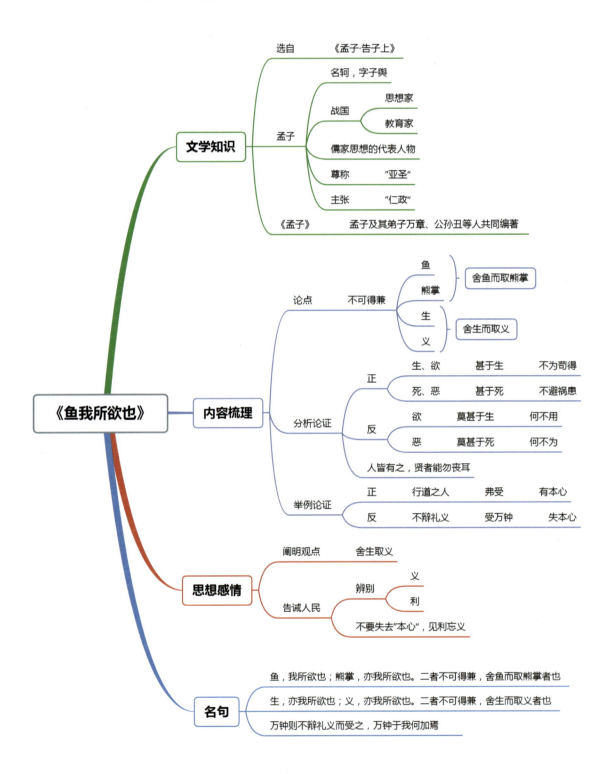

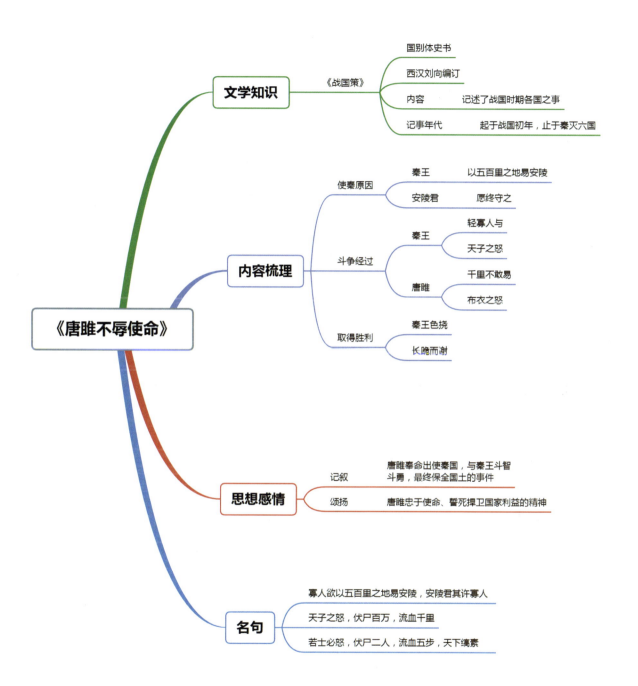

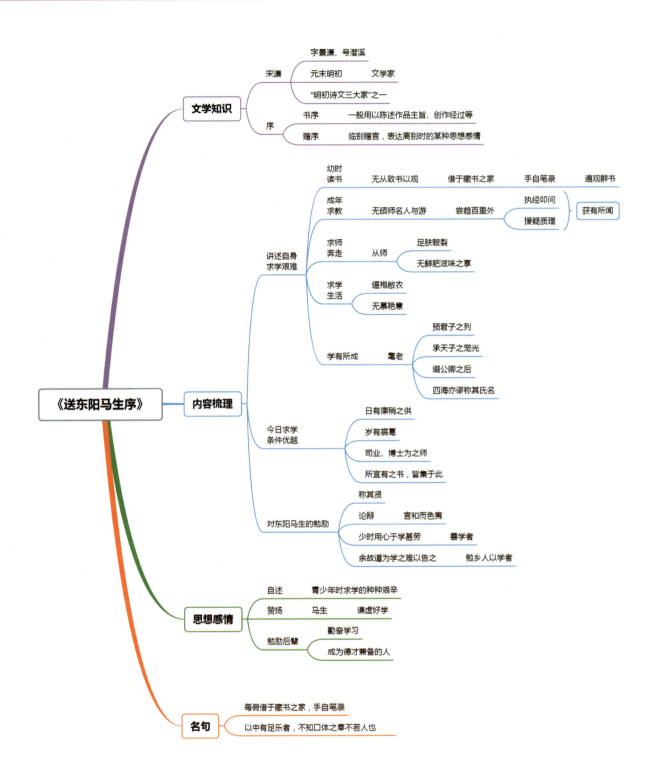

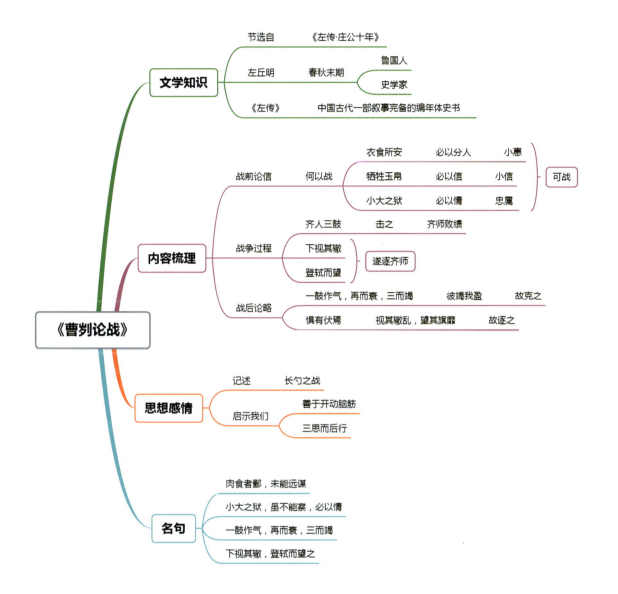

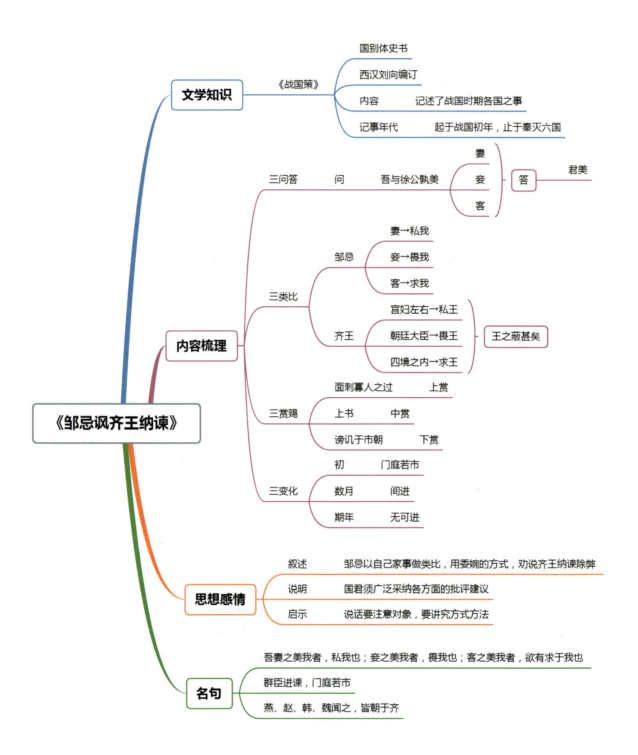

九年级下册《语文》思维导图与综合知识

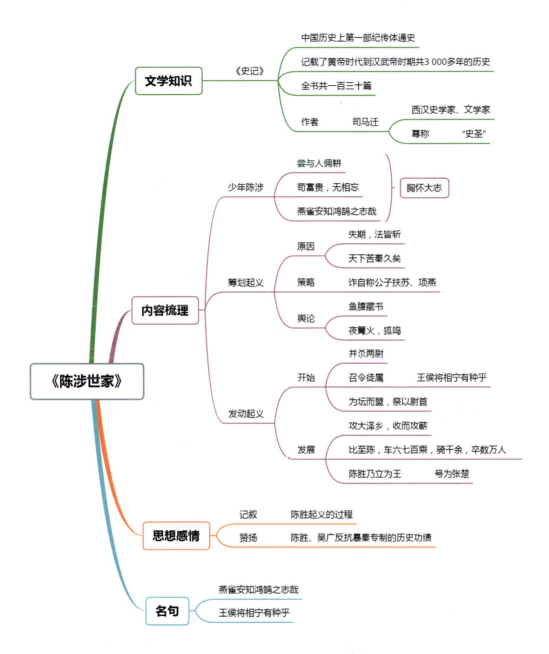

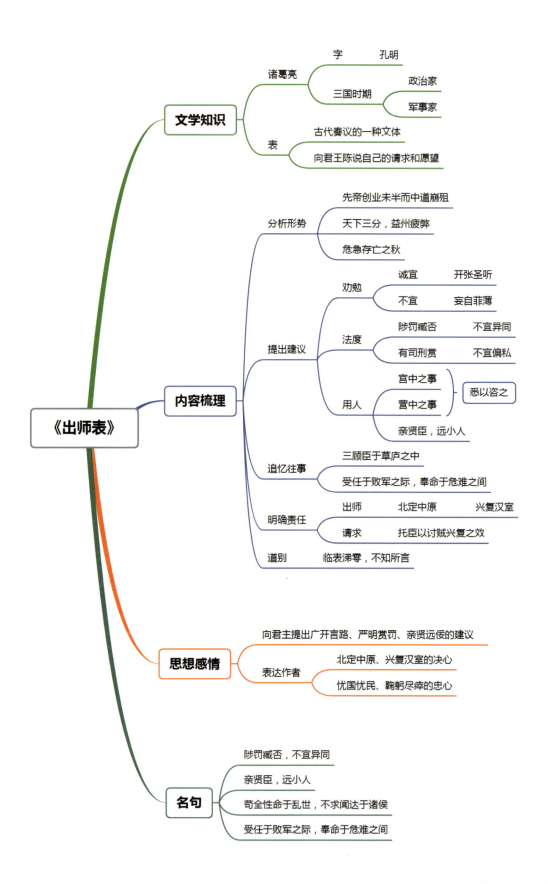

九年级下册 作文思维导图

一、扩写

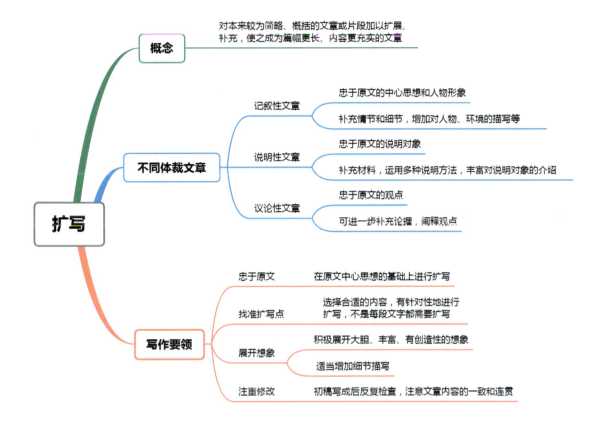

二、审题立意

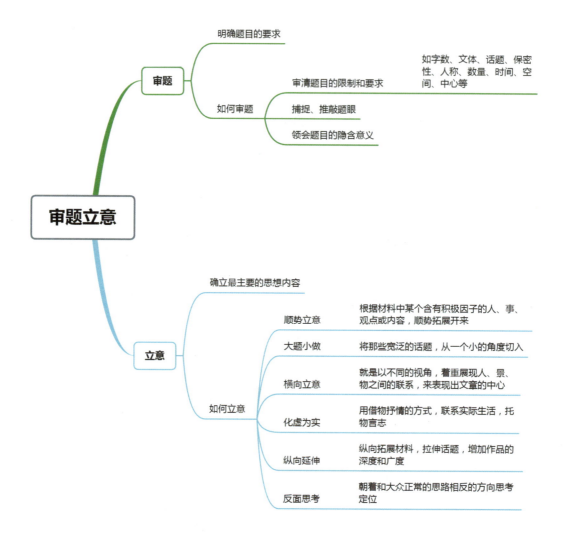

三、布局谋篇

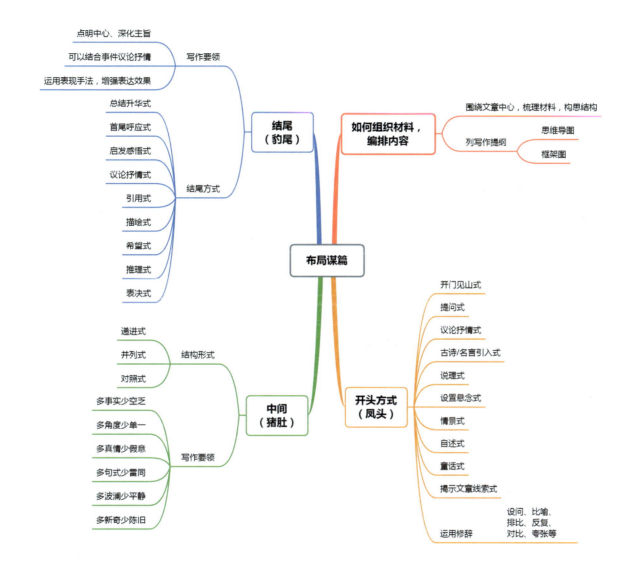

四、修改润色

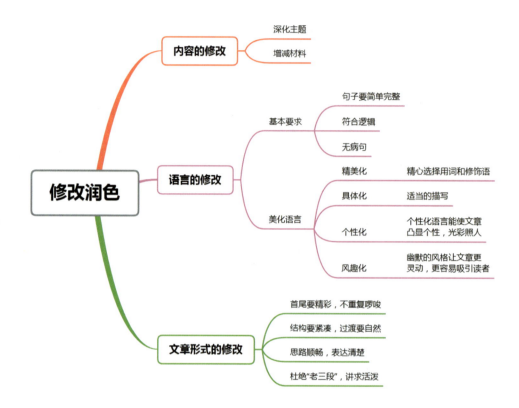

五、有创意地表达

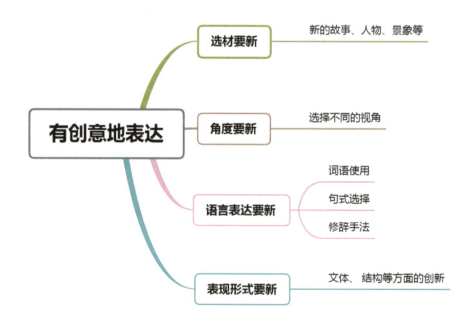

九年级下册 课文各单元总结思维导图

第一单元

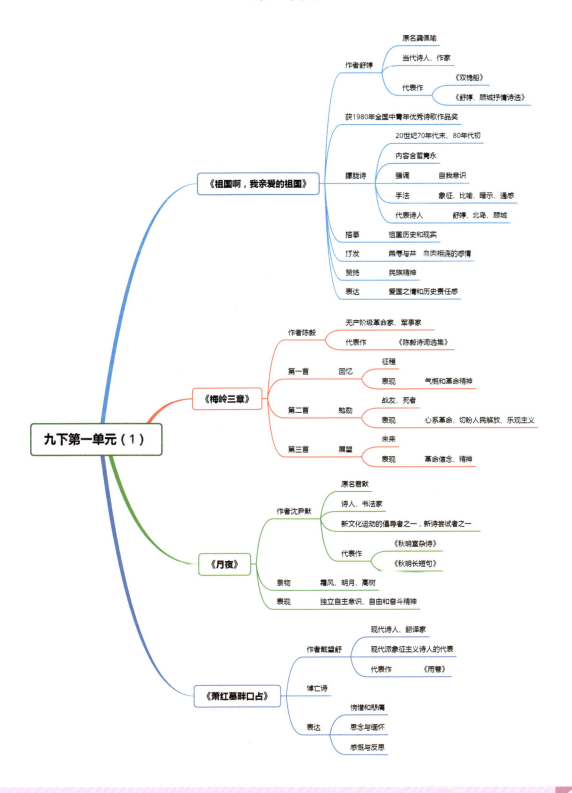

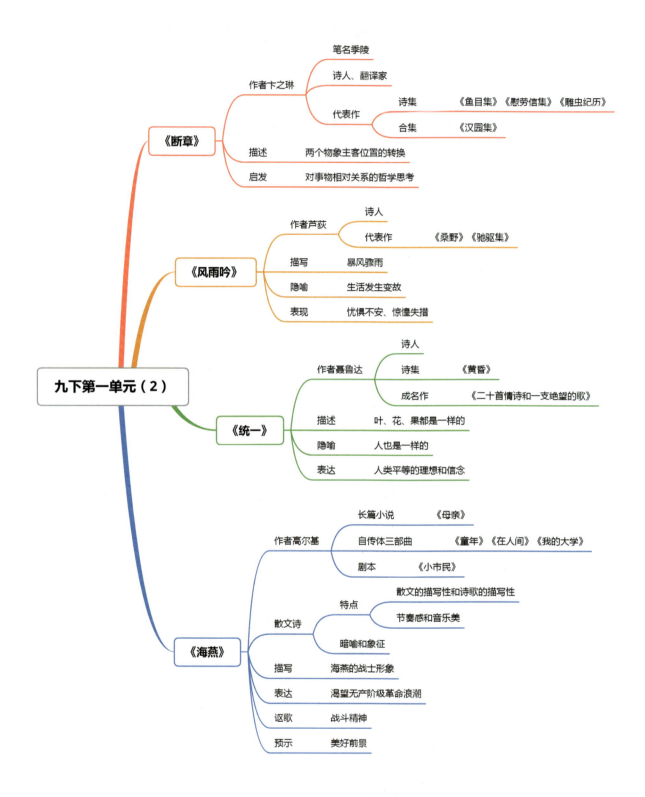

第二单元

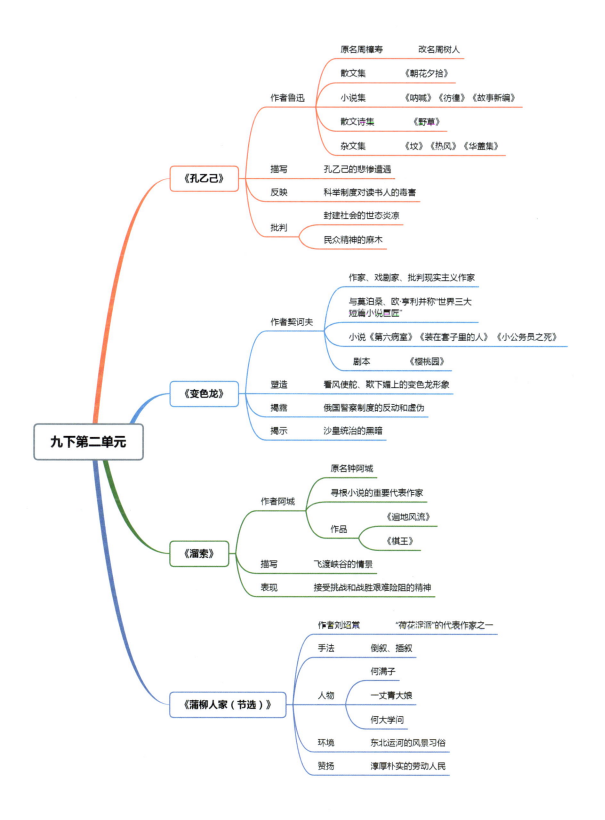

第三单元

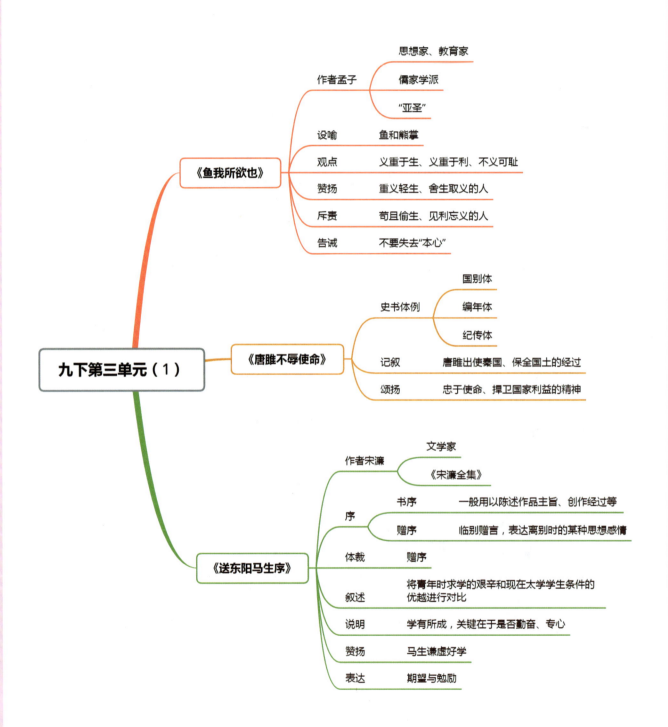

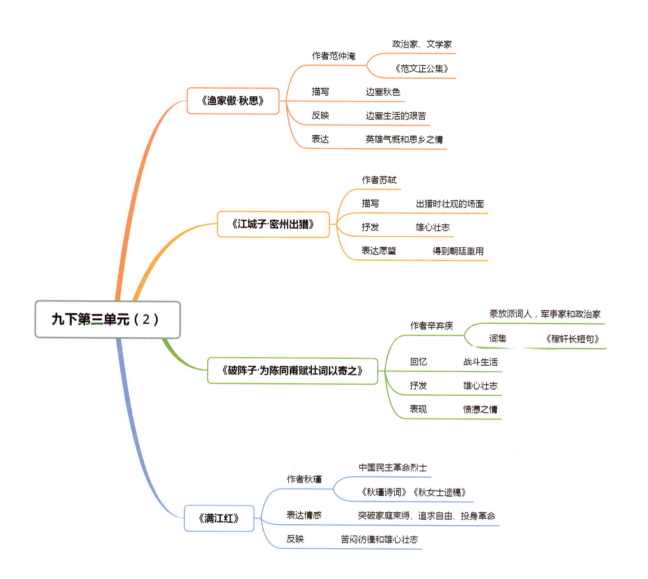

第四单元

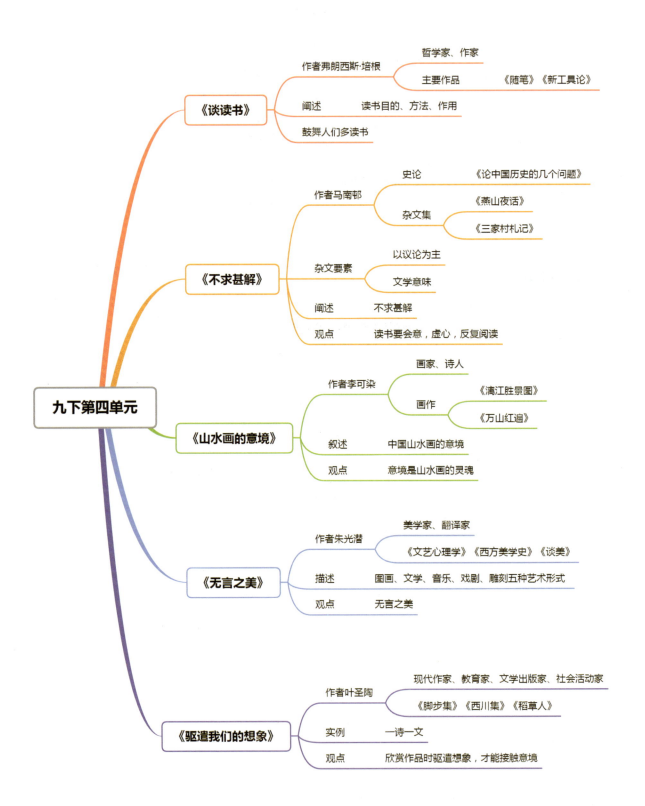

第五单元

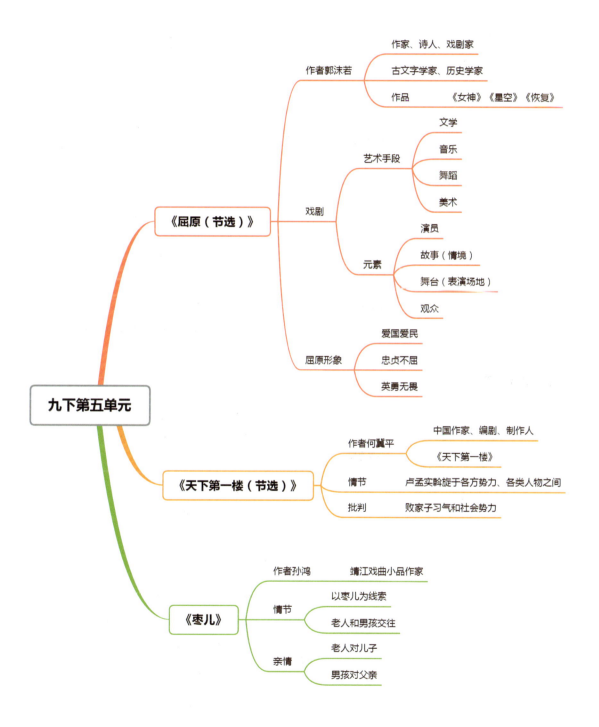

第六单元

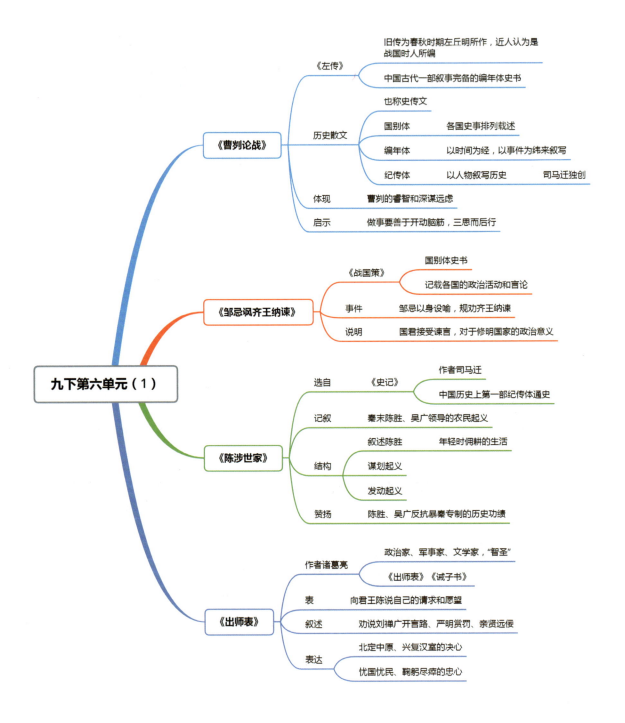

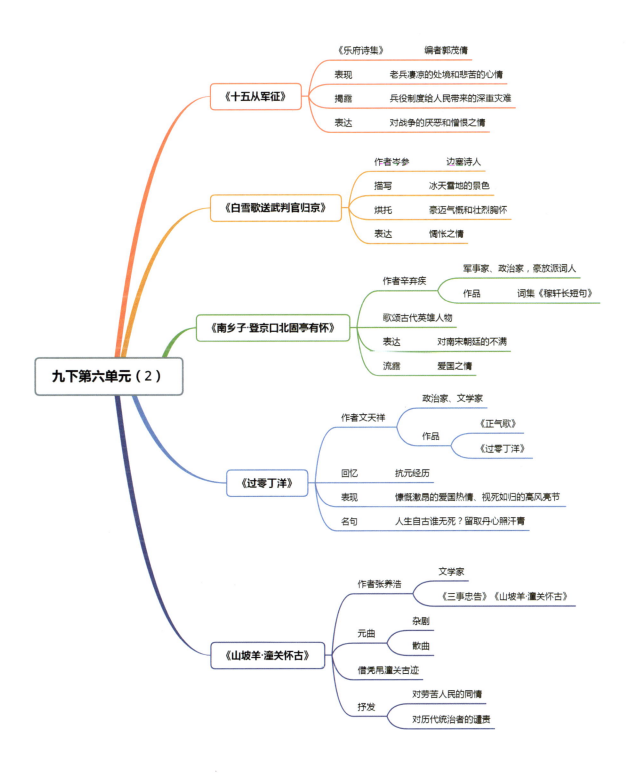

九年级上册《数学》思维导图

第二十一章 一元二次方程

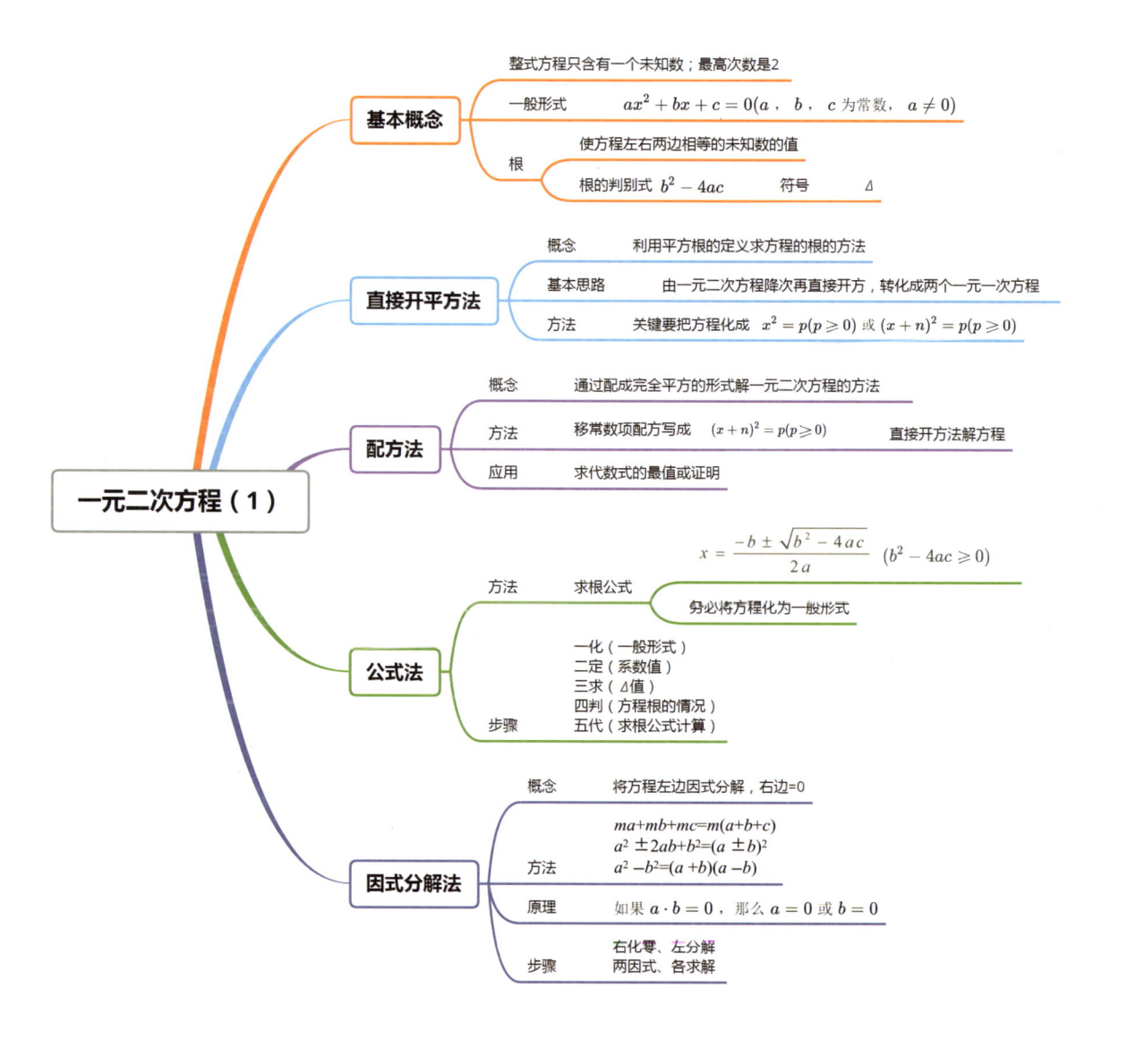

一元二次方程（1）

基本概念
- 整式方程只含有一个未知数；最高次数是2
- 一般形式 $ax^2 + bx + c = 0(a，b，c$ 为常数，$a \neq 0)$
- 根
  - 使方程左右两边相等的未知数的值
  - 根的判别式 $b^2 - 4ac$　　符号　　Δ

直接开平方法
- 概念　利用平方根的定义求方程的根的方法
- 基本思路　由一元二次方程降次再直接开方，转化成两个一元一次方程
- 方法　关键要把方程化成 $x^2 = p(p \geq 0)$ 或 $(x+n)^2 = p(p \geq 0)$

配方法
- 概念　通过配成完全平方的形式解一元二次方程的方法
- 方法　移常数项配方写成 $(x+n)^2 = p(p \geq 0)$　直接开方法解方程
- 应用　求代数式的最值或证明

公式法
- 方法　求根公式　$x = \dfrac{-b \pm \sqrt{b^2 - 4ac}}{2a}$ $(b^2 - 4ac \geq 0)$
  - 务必将方程化为一般形式
- 步骤
  - 一化（一般形式）
  - 二定（系数值）
  - 三求（Δ值）
  - 四判（方程根的情况）
  - 五代（求根公式计算）

因式分解法
- 概念　将方程左边因式分解，右边=0
- 方法
  - $ma+mb+mc=m(a+b+c)$
  - $a^2 \pm 2ab+b^2=(a \pm b)^2$
  - $a^2 -b^2=(a +b)(a -b)$
- 原理　如果 $a \cdot b = 0$，那么 $a = 0$ 或 $b = 0$
- 步骤
  - 右化零、左分解
  - 两因式、各求解

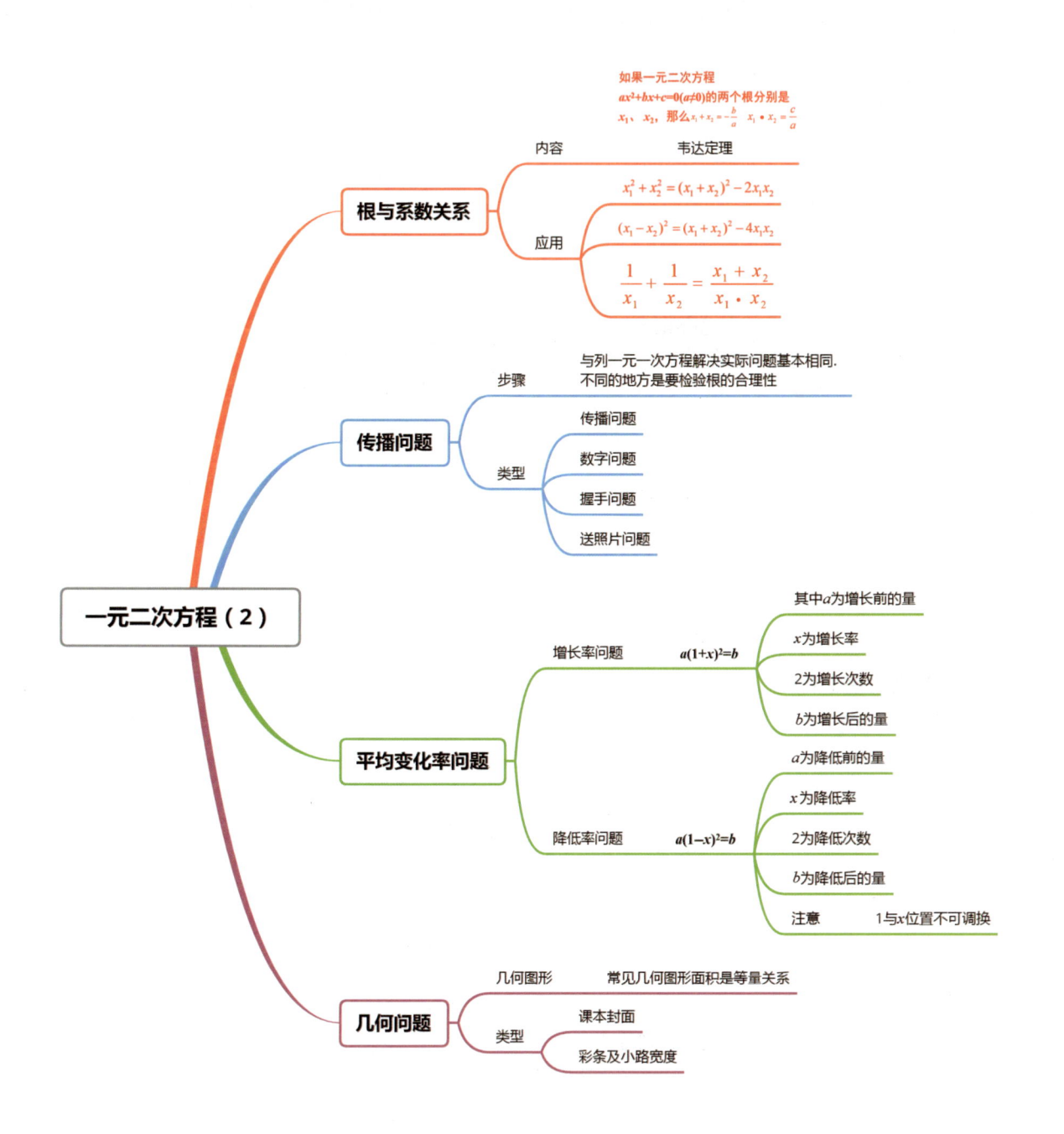

第二十二章 二次函数

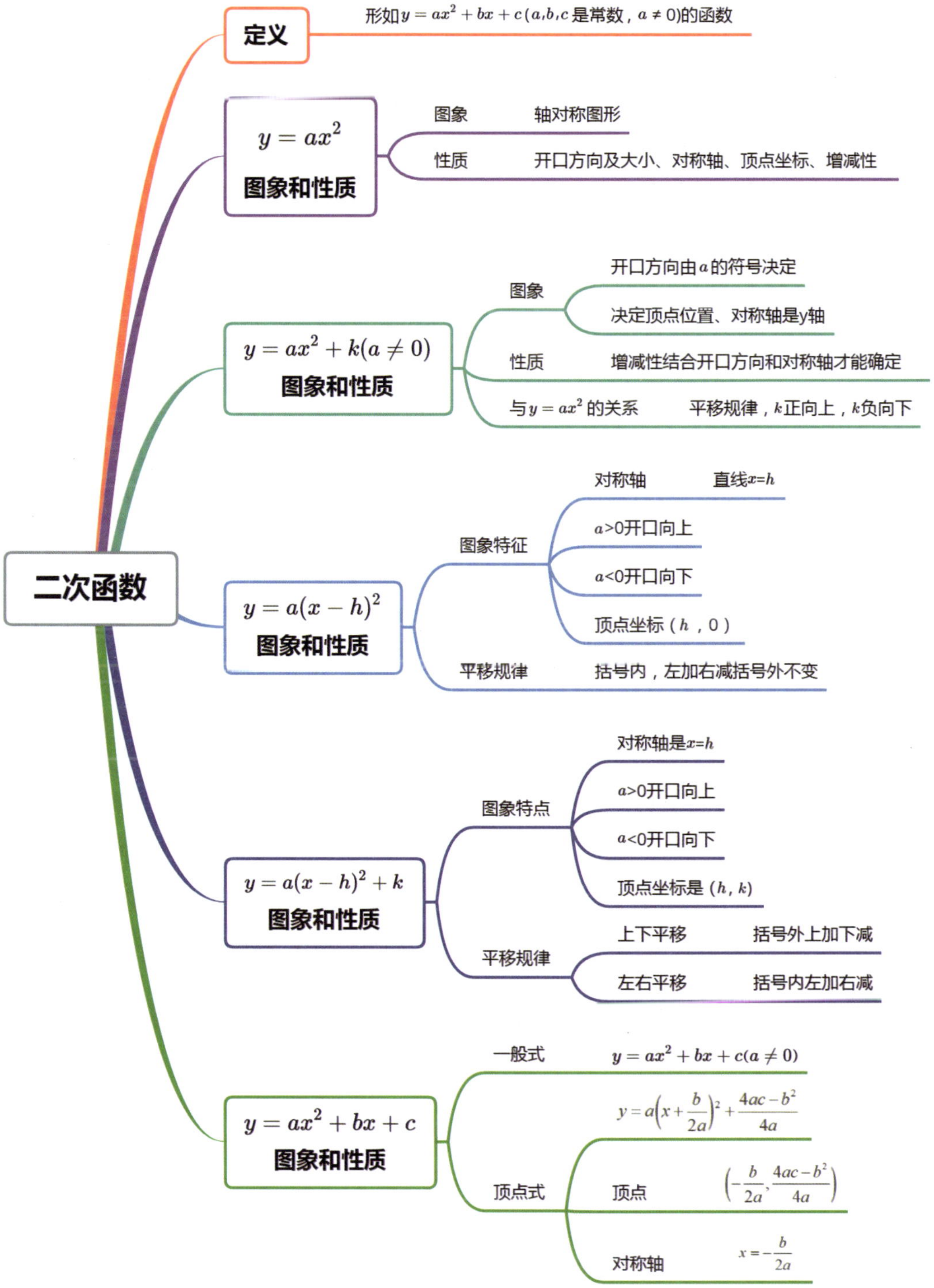

二次函数

- **定义** —— 形如 $y = ax^2 + bx + c(a,b,c$ 是常数，$a \neq 0)$ 的函数

- $y = ax^2$ **图象和性质**
  - 图象 —— 轴对称图形
  - 性质 —— 开口方向及大小、对称轴、顶点坐标、增减性

- $y = ax^2 + k(a \neq 0)$ **图象和性质**
  - 图象
    - 开口方向由 a 的符号决定
    - 决定顶点位置、对称轴是y轴
  - 性质 —— 增减性结合开口方向和对称轴才能确定
  - 与 $y = ax^2$ 的关系 —— 平移规律，k 正向上，k 负向下

- $y = a(x - h)^2$ **图象和性质**
  - 图象特征
    - 对称轴 —— 直线 $x=h$
    - $a>0$ 开口向上
    - $a<0$ 开口向下
    - 顶点坐标（h，0）
  - 平移规律 —— 括号内，左加右减括号外不变

- $y = a(x - h)^2 + k$ **图象和性质**
  - 图象特点
    - 对称轴是 $x=h$
    - $a>0$ 开口向上
    - $a<0$ 开口向下
    - 顶点坐标是 (h, k)
  - 平移规律
    - 上下平移 —— 括号外上加下减
    - 左右平移 —— 括号内左加右减

- $y = ax^2 + bx + c$ **图象和性质**
  - 一般式 —— $y = ax^2 + bx + c(a \neq 0)$
  - 顶点式 —— $y = a\left(x + \dfrac{b}{2a}\right)^2 + \dfrac{4ac - b^2}{4a}$
    - 顶点 —— $\left(-\dfrac{b}{2a}, \dfrac{4ac - b^2}{4a}\right)$
    - 对称轴 —— $x = -\dfrac{b}{2a}$

初三学科高效学习手册（微课版）

第二十三章 旋转

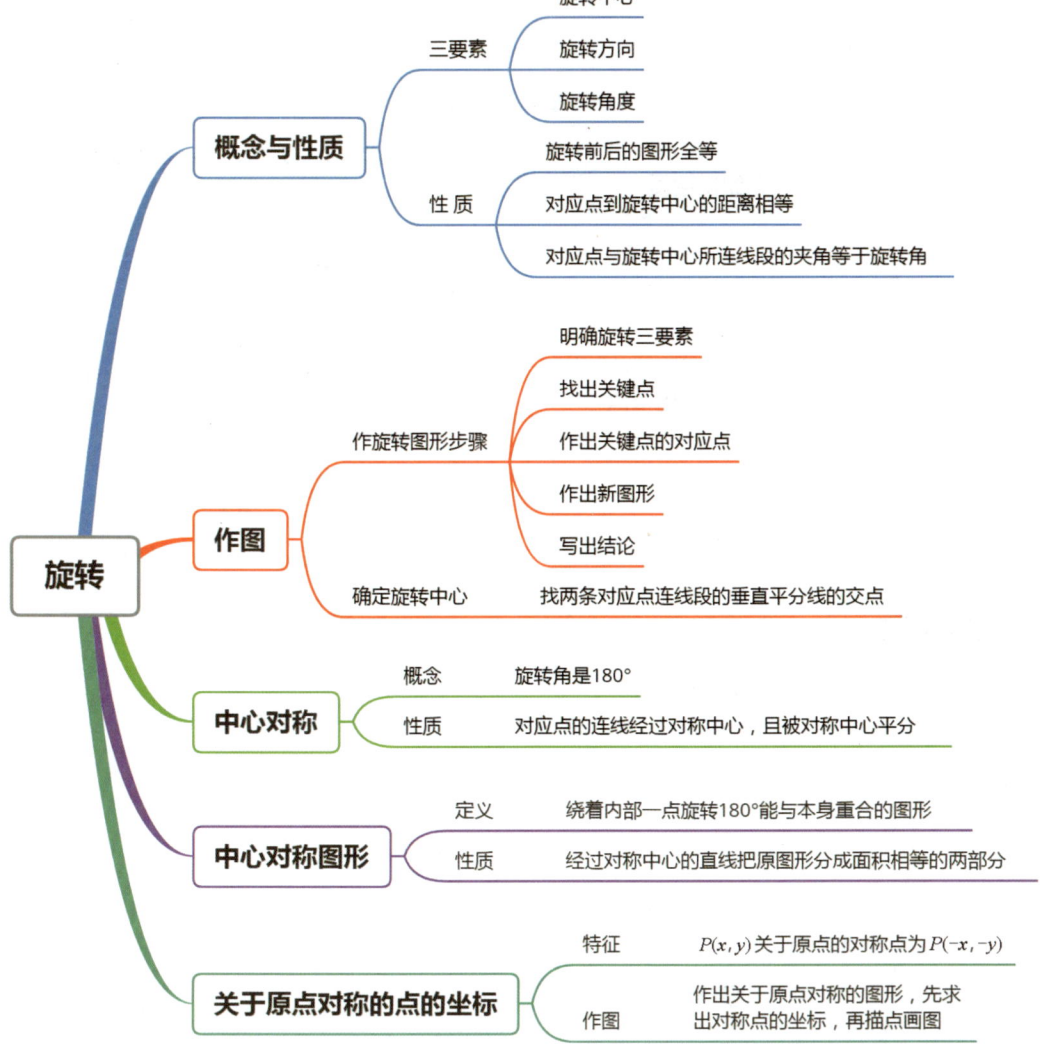

旋转

- 概念与性质
  - 三要素
    - 旋转中心
    - 旋转方向
    - 旋转角度
  - 性质
    - 旋转前后的图形全等
    - 对应点到旋转中心的距离相等
    - 对应点与旋转中心所连线段的夹角等于旋转角
- 作图
  - 作旋转图形步骤
    - 明确旋转三要素
    - 找出关键点
    - 作出关键点的对应点
    - 作出新图形
    - 写出结论
  - 确定旋转中心
    - 找两条对应点连线段的垂直平分线的交点
- 中心对称
  - 概念
    - 旋转角是180°
  - 性质
    - 对应点的连线经过对称中心，且被对称中心平分
- 中心对称图形
  - 定义
    - 绕着内部一点旋转180°能与本身重合的图形
  - 性质
    - 经过对称中心的直线把原图形分成面积相等的两部分
- 关于原点对称的点的坐标
  - 特征
    - $P(x, y)$关于原点的对称点为$P(-x, -y)$
  - 作图
    - 作出关于原点对称的图形，先求出对称点的坐标，再描点画图

108

九年级上册《数学》思维导图

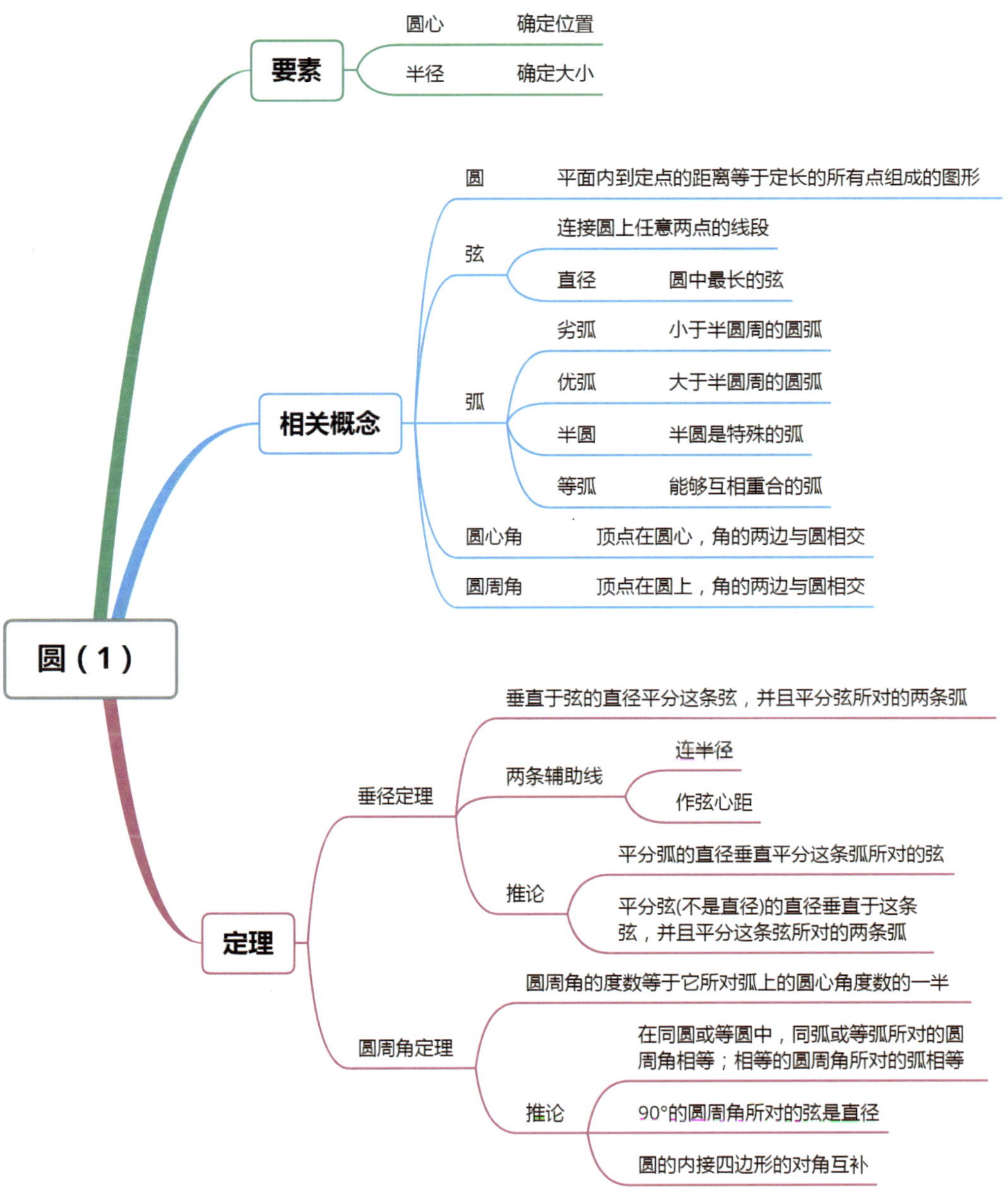

圆（1）

要素
- 圆心 —— 确定位置
- 半径 —— 确定大小

相关概念
- 圆 —— 平面内到定点的距离等于定长的所有点组成的图形
- 弦 —— 连接圆上任意两点的线段
  - 直径 —— 圆中最长的弦
- 弧
  - 劣弧 —— 小于半圆周的圆弧
  - 优弧 —— 大于半圆周的圆弧
  - 半圆 —— 半圆是特殊的弧
  - 等弧 —— 能够互相重合的弧
- 圆心角 —— 顶点在圆心，角的两边与圆相交
- 圆周角 —— 顶点在圆上，角的两边与圆相交

定理
- 垂径定理 —— 垂直于弦的直径平分这条弦，并且平分弦所对的两条弧
  - 两条辅助线
    - 连半径
    - 作弦心距
  - 推论
    - 平分弧的直径垂直平分这条弧所对的弦
    - 平分弦(不是直径)的直径垂直于这条弦，并且平分这条弦所对的两条弧
- 圆周角定理 —— 圆周角的度数等于它所对弧上的圆心角度数的一半
  - 在同圆或等圆中，同弧或等弧所对的圆周角相等；相等的圆周角所对的弧相等
  - 推论
    - 90°的圆周角所对的弦是直径
    - 圆的内接四边形的对角互补

109

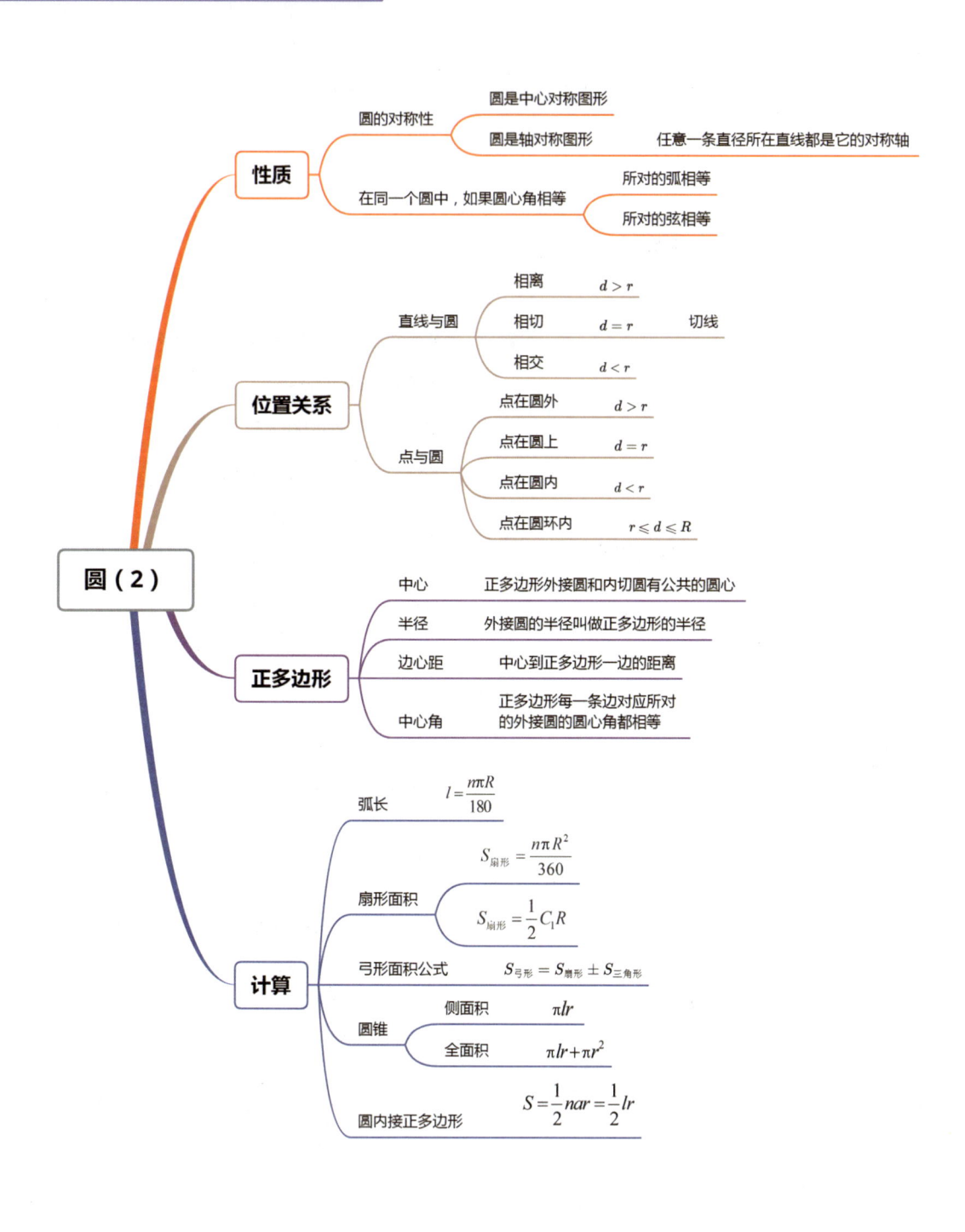

性质

圆的对称性
- 圆是中心对称图形
- 圆是轴对称图形 —— 任意一条直径所在直线都是它的对称轴

在同一个圆中，如果圆心角相等
- 所对的弧相等
- 所对的弦相等

位置关系

直线与圆
- 相离　$d > r$
- 相切　$d = r$　切线
- 相交　$d < r$

点与圆
- 点在圆外　$d > r$
- 点在圆上　$d = r$
- 点在圆内　$d < r$
- 点在圆环内　$r \leqslant d \leqslant R$

圆（2）

正多边形
- 中心　正多边形外接圆和内切圆有公共的圆心
- 半径　外接圆的半径叫做正多边形的半径
- 边心距　中心到正多边形一边的距离
- 中心角　正多边形每一条边对应所对的外接圆的圆心角都相等

计算
- 弧长　$l = \dfrac{n\pi R}{180}$
- 扇形面积　$S_{扇形} = \dfrac{n\pi R^2}{360}$　$S_{扇形} = \dfrac{1}{2} C_1 R$
- 弓形面积公式　$S_{弓形} = S_{扇形} \pm S_{三角形}$
- 圆锥
  - 侧面积　$\pi l r$
  - 全面积　$\pi l r + \pi r^2$
- 圆内接正多边形　$S = \dfrac{1}{2} nar = \dfrac{1}{2} lr$

九年级上册《数学》思维导图

第二十五章 概率初步

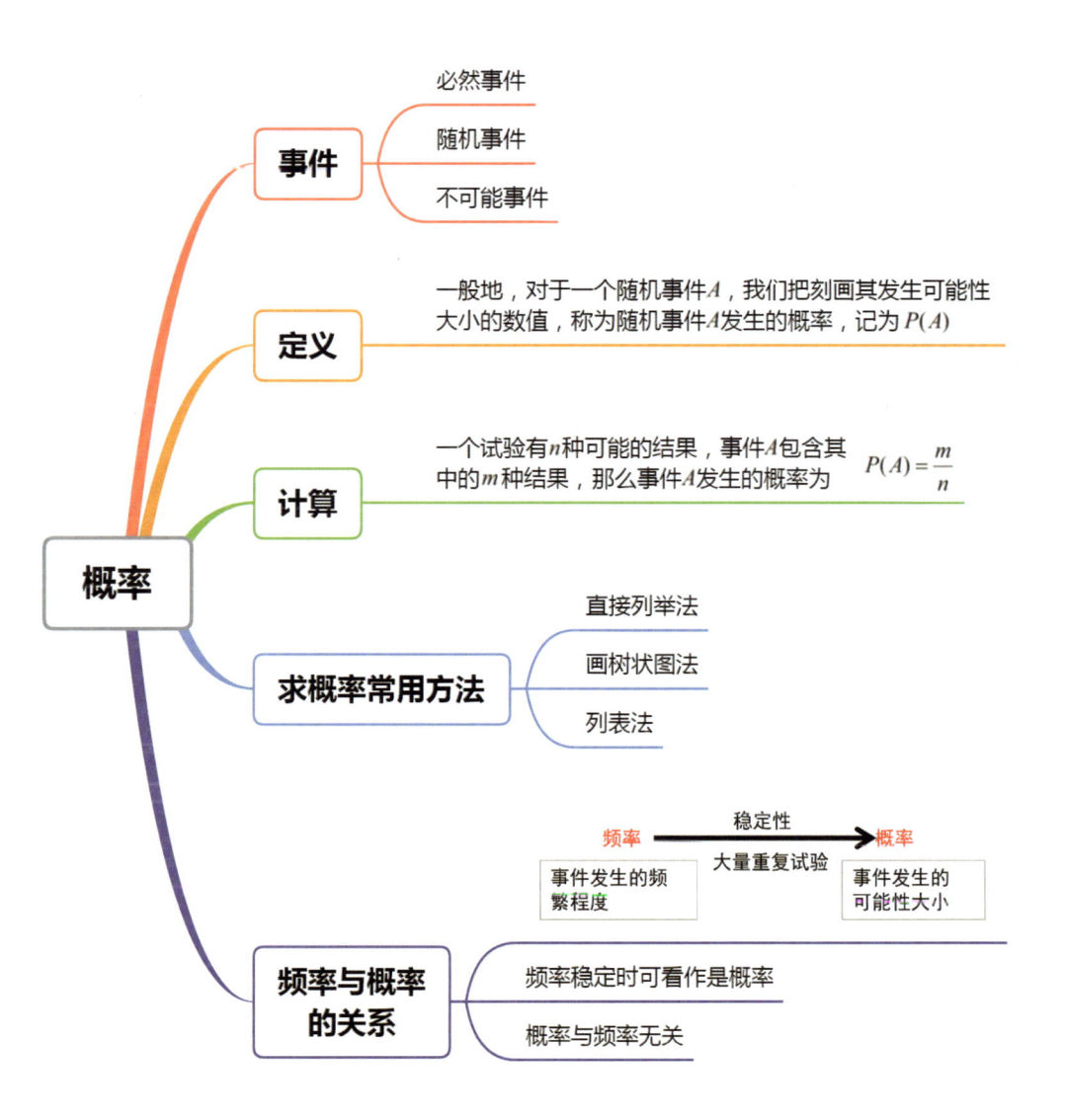

概率

事件
- 必然事件
- 随机事件
- 不可能事件

定义
一般地，对于一个随机事件A，我们把刻画其发生可能性大小的数值，称为随机事件A发生的概率，记为$P(A)$

计算
一个试验有n种可能的结果，事件A包含其中的m种结果，那么事件A发生的概率为 $P(A) = \dfrac{m}{n}$

求概率常用方法
- 直接列举法
- 画树状图法
- 列表法

频率与概率的关系

频率 ——稳定性——→ 概率
大量重复试验

| 事件发生的频繁程度 | 事件发生的可能性大小 |

- 频率稳定时可看作是概率
- 概率与频率无关

111

九年级下册《数学》思维导图

第二十六章 反比例函数

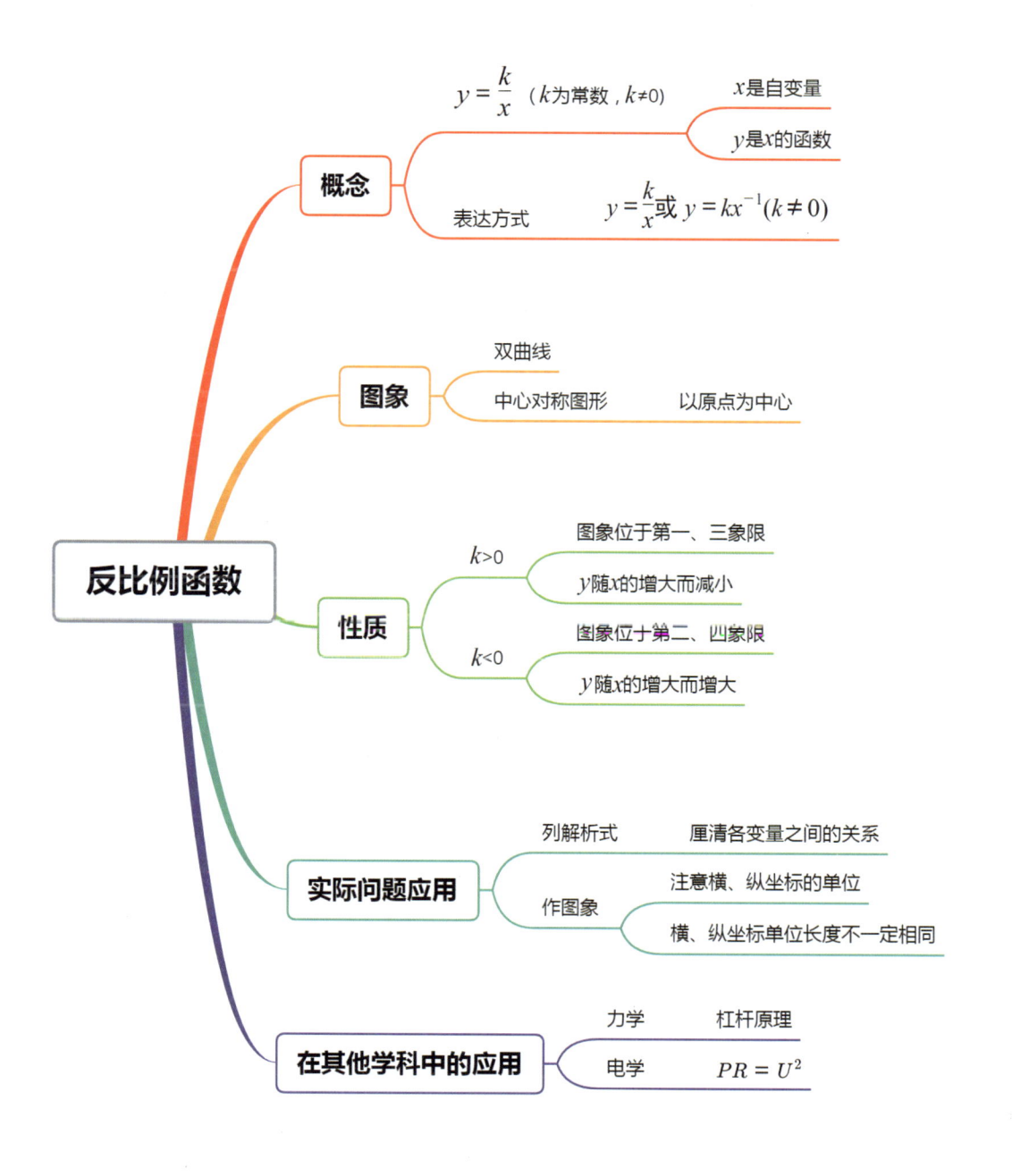

概念
- $y = \dfrac{k}{x}$（k为常数，$k \neq 0$）
  - x是自变量
  - y是x的函数
- 表达方式 $y = \dfrac{k}{x}$或 $y = kx^{-1}(k \neq 0)$

图象
- 双曲线
- 中心对称图形 以原点为中心

性质
- $k > 0$
  - 图象位于第一、三象限
  - y随x的增大而减小
- $k < 0$
  - 图象位于第二、四象限
  - y随x的增大而增大

实际问题应用
- 列解析式 厘清各变量之间的关系
- 作图象
  - 注意横、纵坐标的单位
  - 横、纵坐标单位长度不一定相同

在其他学科中的应用
- 力学 杠杆原理
- 电学 $PR = U^2$

初三学科高效学习手册（微课版）

第二十七章 相似

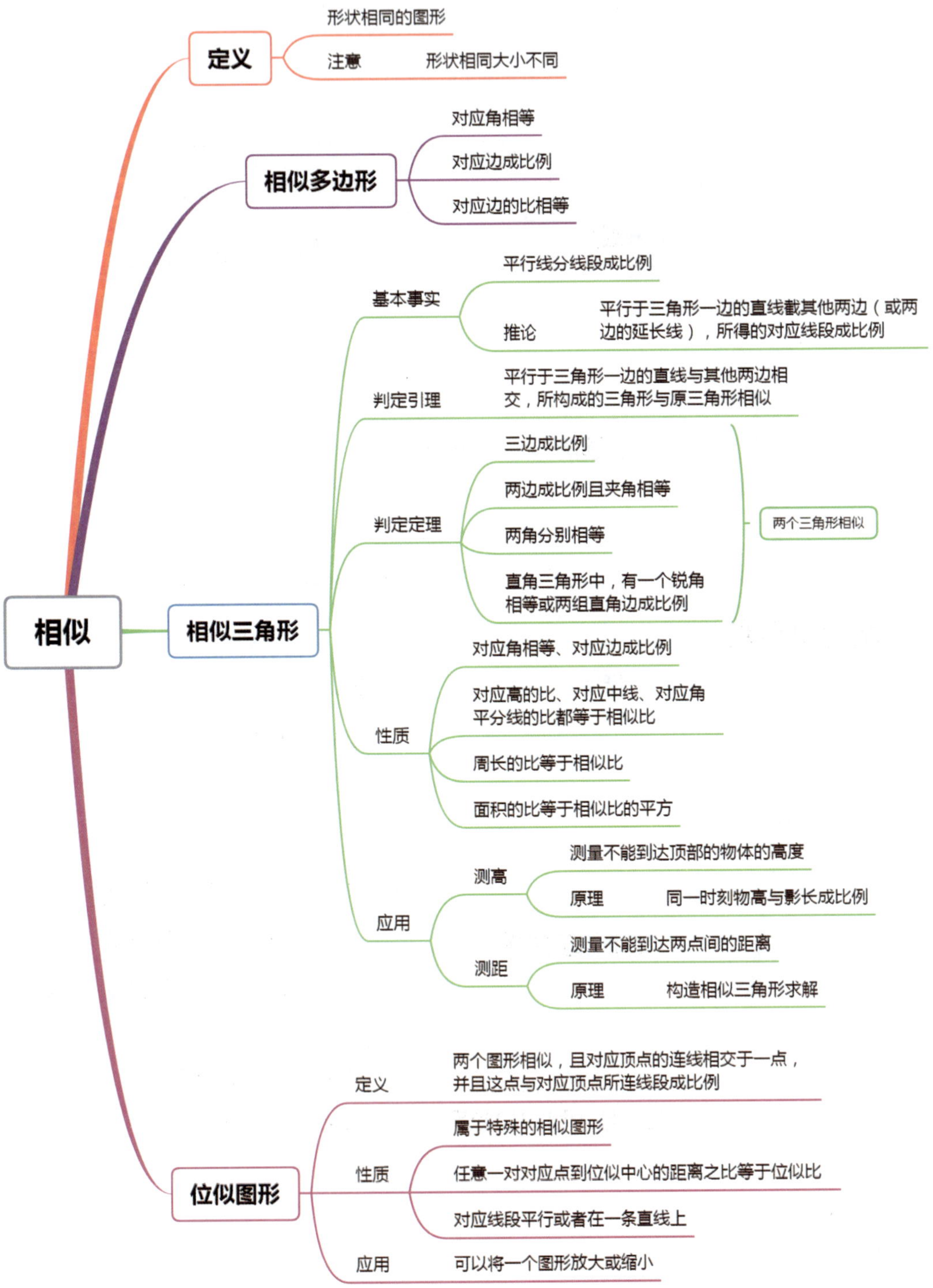

相似

- **定义**
  - 形状相同的图形
  - 注意 —— 形状相同大小不同

- **相似多边形**
  - 对应角相等
  - 对应边成比例
  - 对应边的比相等

- **相似三角形**
  - 基本事实
    - 平行线分线段成比例
    - 推论 —— 平行于三角形一边的直线截其他两边（或两边的延长线），所得的对应线段成比例
  - 判定引理 —— 平行于三角形一边的直线与其他两边相交，所构成的三角形与原三角形相似
  - 判定定理（两个三角形相似）
    - 三边成比例
    - 两边成比例且夹角相等
    - 两角分别相等
    - 直角三角形中，有一个锐角相等或两组直角边成比例
  - 性质
    - 对应角相等、对应边成比例
    - 对应高的比、对应中线、对应角平分线的比都等于相似比
    - 周长的比等于相似比
    - 面积的比等于相似比的平方
  - 应用
    - 测高 —— 测量不能到达顶部的物体的高度
      - 原理 —— 同一时刻物高与影长成比例
    - 测距 —— 测量不能到达两点间的距离
      - 原理 —— 构造相似三角形求解

- **位似图形**
  - 定义 —— 两个图形相似，且对应顶点的连线相交于一点，并且这点与对应顶点所连线段成比例
  - 性质
    - 属于特殊的相似图形
    - 任意一对对应点到位似中心的距离之比等于位似比
    - 对应线段平行或者在一条直线上
  - 应用 —— 可以将一个图形放大或缩小

114

第二十八章 锐角三角函数

锐角三角函数（1）

正弦

$$\sin A = \frac{\angle A\text{的对边}}{\text{斜边}} = \frac{a}{c}$$

正弦值随着角度的增大（或减小）而增大（或减小）

应用
- 已知边长求正弦值
- 已知正弦值求边长

余弦

$$\cos A = \frac{\angle A\text{的邻边}}{\text{斜边}} = \frac{b}{c}$$

余弦值随着角度的增大（或减小）而减小（或增大）

正切

$$\tan A = \frac{\angle A\text{的对边}}{\angle A\text{的邻边}} = \frac{a}{b}$$

正切值随着角度的增大（或减小）而增大（或减小）

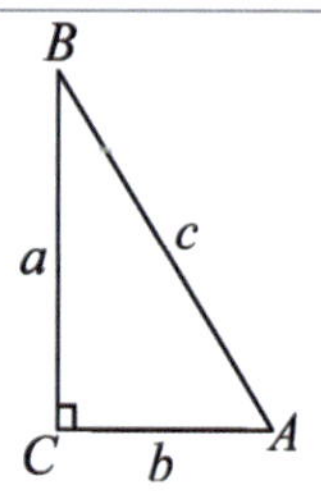

α确定的情况下，$\cos\alpha,\tan\alpha$为定值，与三角形的大小无关

特殊三角函数值

$$\sin 30° = \frac{1}{2},\ \cos 30° = \frac{\sqrt{3}}{2},\ \tan 30° = \frac{\sqrt{3}}{3}$$

$$\sin 45° = \frac{\sqrt{2}}{2},\ \cos 45° = \frac{\sqrt{2}}{2},\ \tan 45° = 1$$

$$\sin 60° = \frac{\sqrt{3}}{2},\ \cos 60° = \frac{1}{2},\ \tan 60° = \sqrt{3}$$

解直角三角形

三边关系　$a^2 + b^2 = c^2$

三角关系　$\angle A = 90° - \angle B$

边角关系
$$\sin A = \cos B = \frac{a}{c}$$
$$\cos A = \sin B = \frac{b}{c}$$
$$\tan A = \frac{\sin A}{\cos A}\quad \tan B = \frac{\sin B}{\cos B}$$

解法　只要知道五个元素中的两个元素（至少有一个是边），就可以求出余下的三个未知元素

计算器求函数值

第一步　按计算器 sin、tan、cos 键

第二步　输入角度值

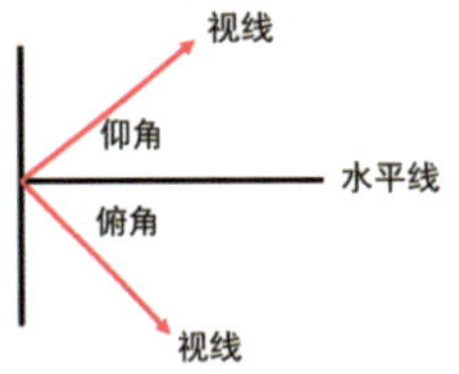

初三学科高效学习手册（微课版）

视线

仰角

水平线

俯角

视线

仰俯角
- 从下向上看，视线与水平线的夹角叫作仰角
- 从上往下看，视线与水平线的夹角叫作俯角

坡度问题
- 坡角　　坡面与水平面的夹角　　记作 α
- 坡度　$i=\dfrac{h}{l}$　坡面的铅垂高度（h）／水平长度（l）
- 坡度与坡角的关系　$i=\dfrac{h}{l}=\tan\alpha$

锐角三角函数（2）

方位角
- 以正南或正北方向为准，正南或正北方向线与目标方向线构成的角小于90°，叫作方位角

直角三角形解决实际问题
- 将实际问题抽象为数学问题画出平面图形，转化为解直角三角形的问题
- 根据条件的特点，适当选用锐角三角函数等去解直角三角形
- 得到数学问题的答案
- 得到实际问题的答案

116

第二十九章 投影与视图

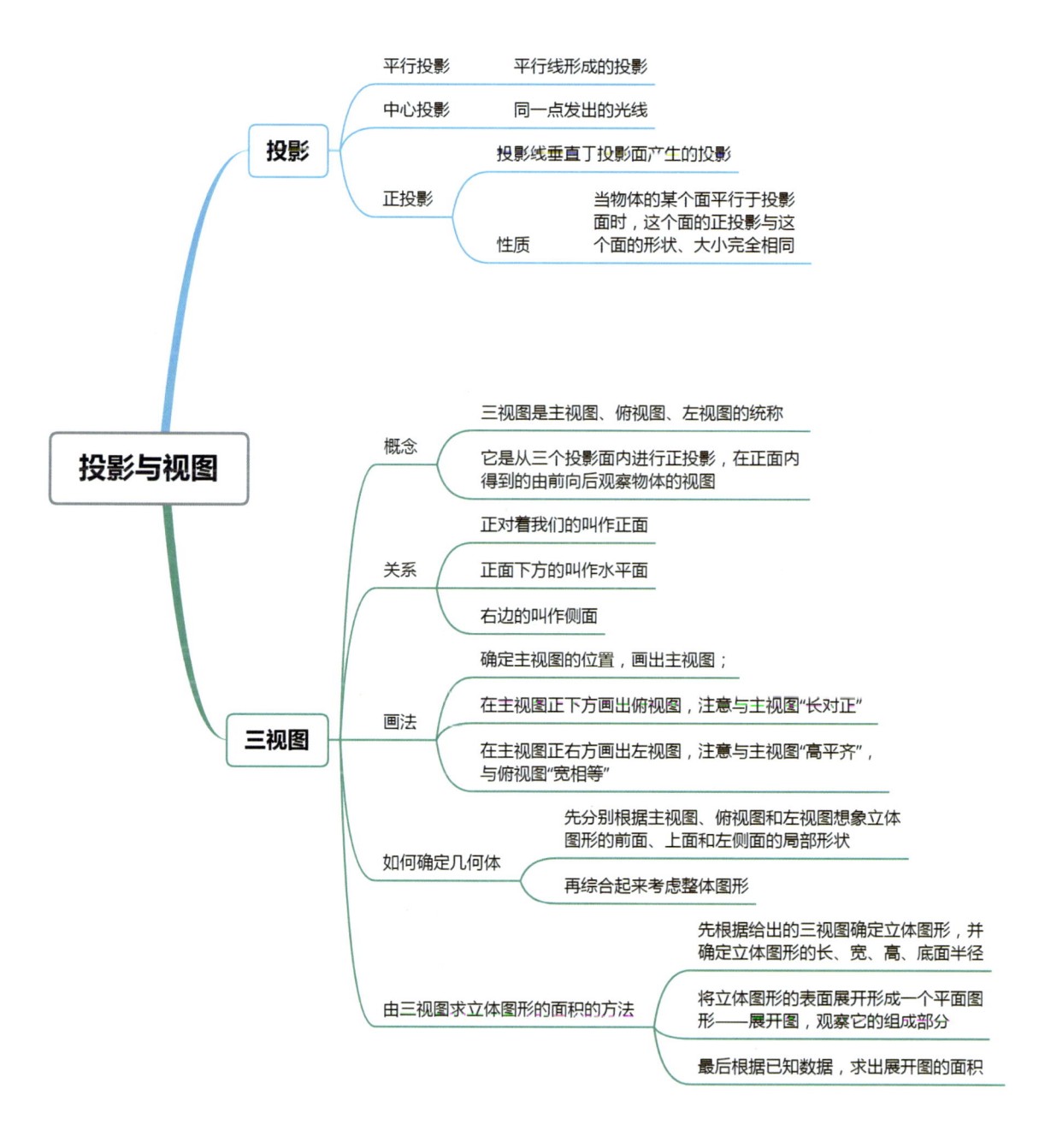

投影与视图

投影
- 平行投影 —— 平行线形成的投影
- 中心投影 —— 同一点发出的光线
- 正投影 —— 投影线垂直于投影面产生的投影
  - 性质 —— 当物体的某个面平行于投影面时，这个面的正投影与这个面的形状、大小完全相同

三视图
- 概念
  - 三视图是主视图、俯视图、左视图的统称
  - 它是从三个投影面内进行正投影，在正面内得到的由前向后观察物体的视图
- 关系
  - 正对着我们的叫作正面
  - 正面下方的叫作水平面
  - 右边的叫作侧面
- 画法
  - 确定主视图的位置，画出主视图；
  - 在主视图正下方画出俯视图，注意与主视图"长对正"
  - 在主视图正右方画出左视图，注意与主视图"高平齐"，与俯视图"宽相等"
- 如何确定几何体
  - 先分别根据主视图、俯视图和左视图想象立体图形的前面、上面和左侧面的局部形状
  - 再综合起来考虑整体图形
- 由三视图求立体图形的面积的方法
  - 先根据给出的三视图确定立体图形，并确定立体图形的长、宽、高、底面半径
  - 将立体图形的表面展开形成一个平面图形——展开图，观察它的组成部分
  - 最后根据已知数据，求出展开图的面积

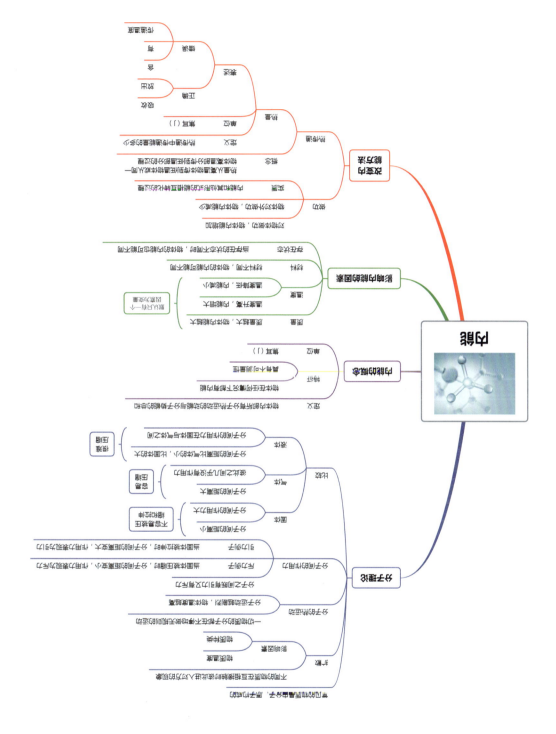

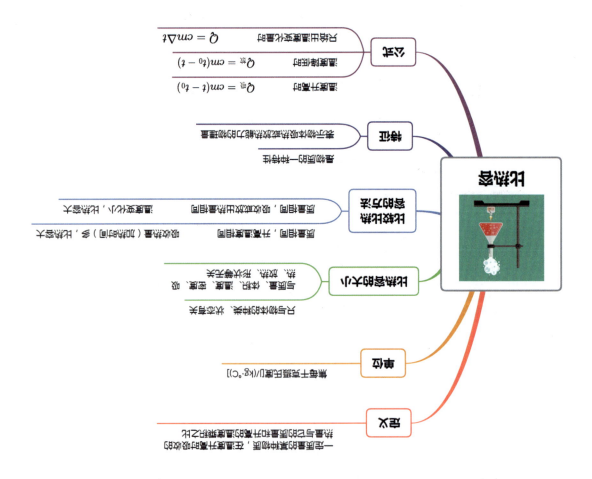

第十四章 内燃机的利用

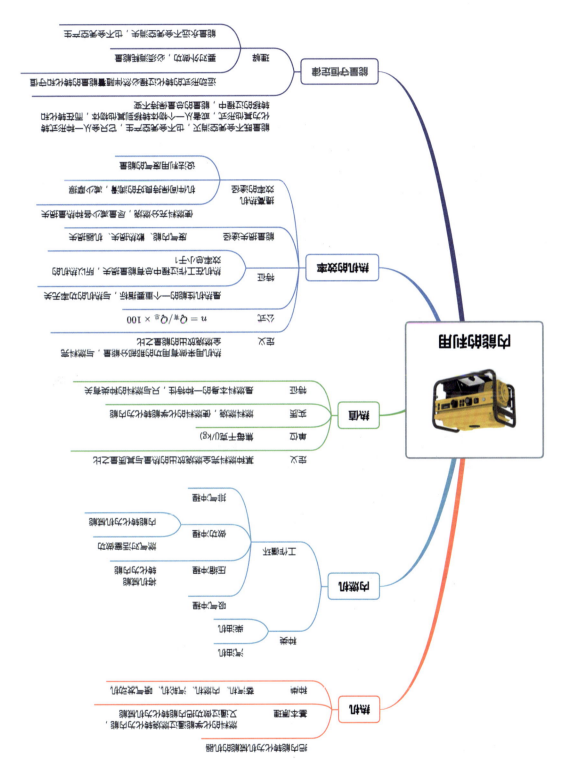

初三学科高效学习手册（微课版）

 电流和电路

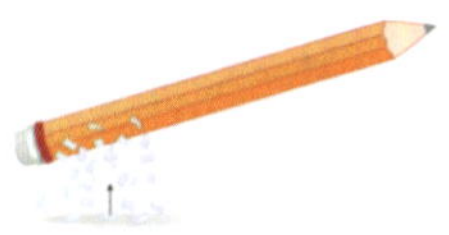

电荷

电荷
- 正电荷（＋）—— 产生方法 —— 用丝绸摩擦过的玻璃棒
- 负电荷（—）—— 产生方法 —— 用毛皮擦过的橡胶棒
- 同种电荷互相排斥，异种电荷互相吸引
- 电荷量
  - 简称 —— 电荷
  - 单位 —— 库仑（C）
- 检验物体带电的方法
  - 使用验电器
  - 利用电荷间的相互作用
  - 利用带电体能吸引轻小物体的性质

摩擦起电原理
- 定义 —— 用摩擦的方法使物体带电
- 能量转化 —— 机械能转化为电能
- 原理
  - 不同物质的原子核束缚电子的本领不同
  - 原子核束缚电子的本领弱的物体，它的一些电子就会转移到另一个物体上。失去电子的物体因为缺少电子而带正电，得到电子的物体因为有了多余电子而带等量的负电
- 特性
  - 只能转移带负电荷的电子
  - 两个物体将带上等量异种电荷
  - 同种物质组成的两个物体摩擦不会起电
  - 只是电荷从一个物体转移到另一个物体，电荷总量守恒

导体、绝缘体
- 导体
  - 定义 —— 容易导电的物体
  - 容易导电原因 —— 电荷容易脱离原子核的束缚，而在导体内部自由移动
  - 常见导体 —— 金属、石墨、人体、大地等
- 绝缘体
  - 定义 —— 不容易导电的物体
  - 难导电原因 —— 电荷几乎都被束缚在原子范围内，不能自由移动
  - 常见绝缘体 —— 橡胶、玻璃、塑料、陶瓷、纯水等
- 导体和绝缘体在一定条件下可相互转化

九年级全一册《物理》思维导图

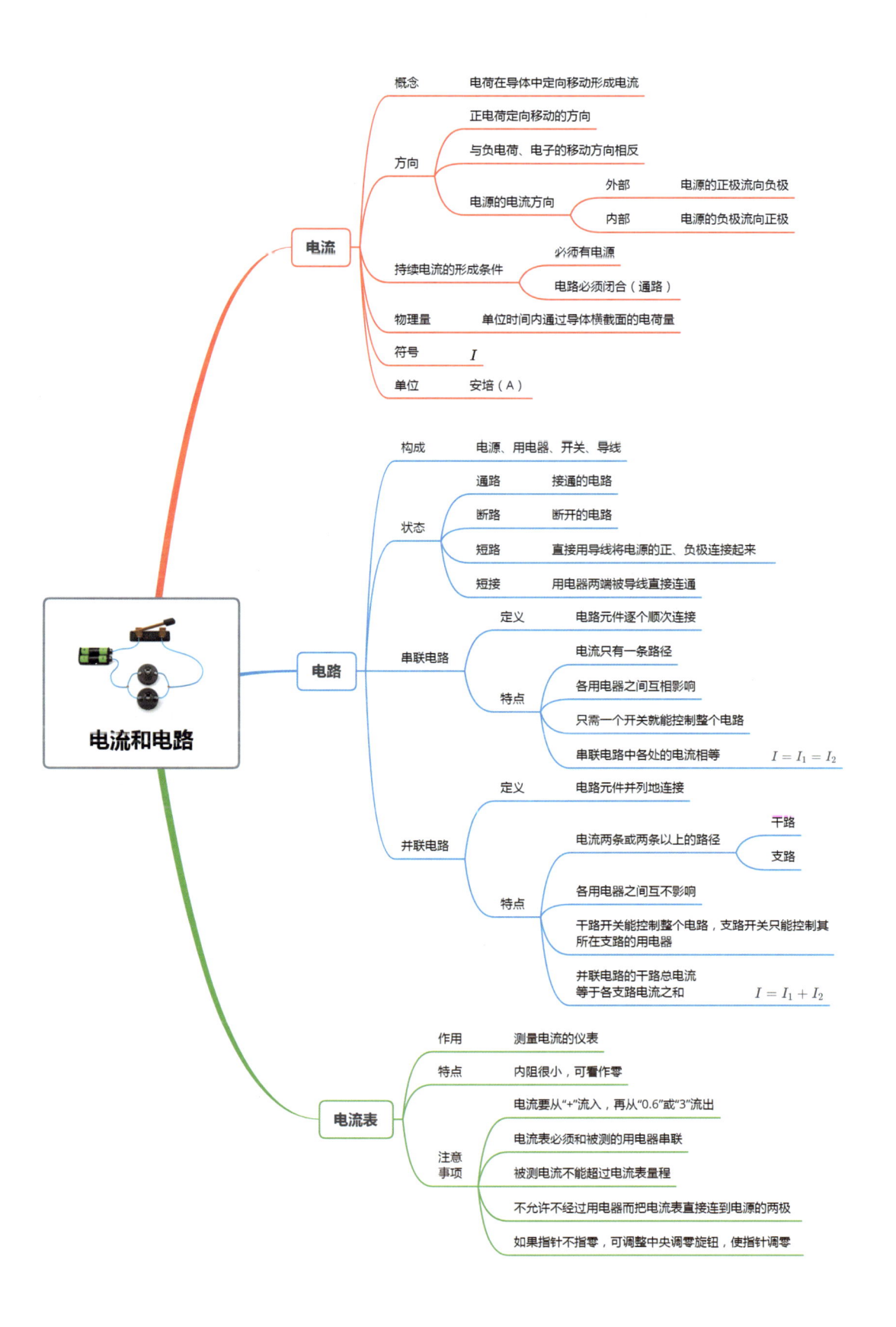

电流和电路

电流
- 概念 —— 电荷在导体中定向移动形成电流
- 方向
  - 正电荷定向移动的方向
  - 与负电荷、电子的移动方向相反
  - 电源的电流方向
    - 外部 —— 电源的正极流向负极
    - 内部 —— 电源的负极流向正极
- 持续电流的形成条件
  - 必须有电源
  - 电路必须闭合（通路）
- 物理量 —— 单位时间内通过导体横截面的电荷量
- 符号 —— I
- 单位 —— 安培（A）

电路
- 构成 —— 电源、用电器、开关、导线
- 状态
  - 通路 —— 接通的电路
  - 断路 —— 断开的电路
  - 短路 —— 直接用导线将电源的正、负极连接起来
  - 短接 —— 用电器两端被导线直接连通
- 串联电路
  - 定义 —— 电路元件逐个顺次连接
  - 特点
    - 电流只有一条路径
    - 各用电器之间互相影响
    - 只需一个开关就能控制整个电路
    - 串联电路中各处的电流相等 　　$I = I_1 = I_2$
- 并联电路
  - 定义 —— 电路元件并列地连接
  - 特点
    - 电流两条或两条以上的路径
      - 干路
      - 支路
    - 各用电器之间互不影响
    - 干路开关能控制整个电路，支路开关只能控制其所在支路的用电器
    - 并联电路的干路总电流等于各支路电流之和 　　$I = I_1 + I_2$

电流表
- 作用 —— 测量电流的仪表
- 特点 —— 内阻很小，可看作零
- 注意事项
  - 电流要从"+"流入，再从"0.6"或"3"流出
  - 电流表必须和被测的用电器串联
  - 被测电流不能超过电流表量程
  - 不允许不经过用电器而把电流表直接连到电源的两极
  - 如果指针不指零，可调整中央调零旋钮，使指针调零

125

第十六章 电压 电阻

电压

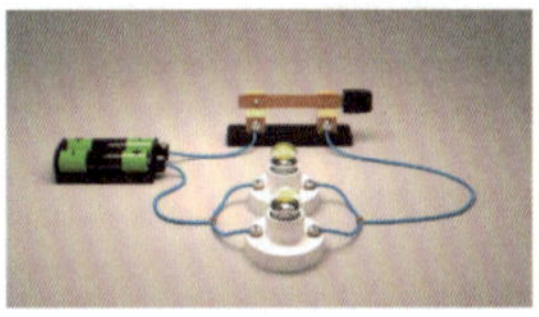

- **作用**: 使一段电路中有电流

- **提供电压的装置**: 电源

- **符号**: U

- **单位**: 伏特（V）

- **电压表**
  - 作用: 测量电压的仪器
  - 特点:
    - 内阻很大，接入电路上相当于断路
    - "+"接线柱接高电位，"−"接线柱接低电位
    - 电压表必须并联在被测用电器两端
  - 使用方法:
    - 被测电压不能超过电压表量程
    - 电压表的两个接线柱可以直接接到电源的两极上
    - 如果事先不能估计被测电压的大小，可先试触，使其保持稳定

- **常见的电压**
  - 家庭电路电压——220V
  - 对人体安全的电压——不高于36V
  - 一节干电池的电压——1.5V
  - 每节铅蓄电池电压——2V

- **电压规律**
  - 串联: 电源电压等于各部分电路两端电压之和
  - 并联: 各支路两端的电压都相等且等于电源电压

九年级全一册《物理》思维导图

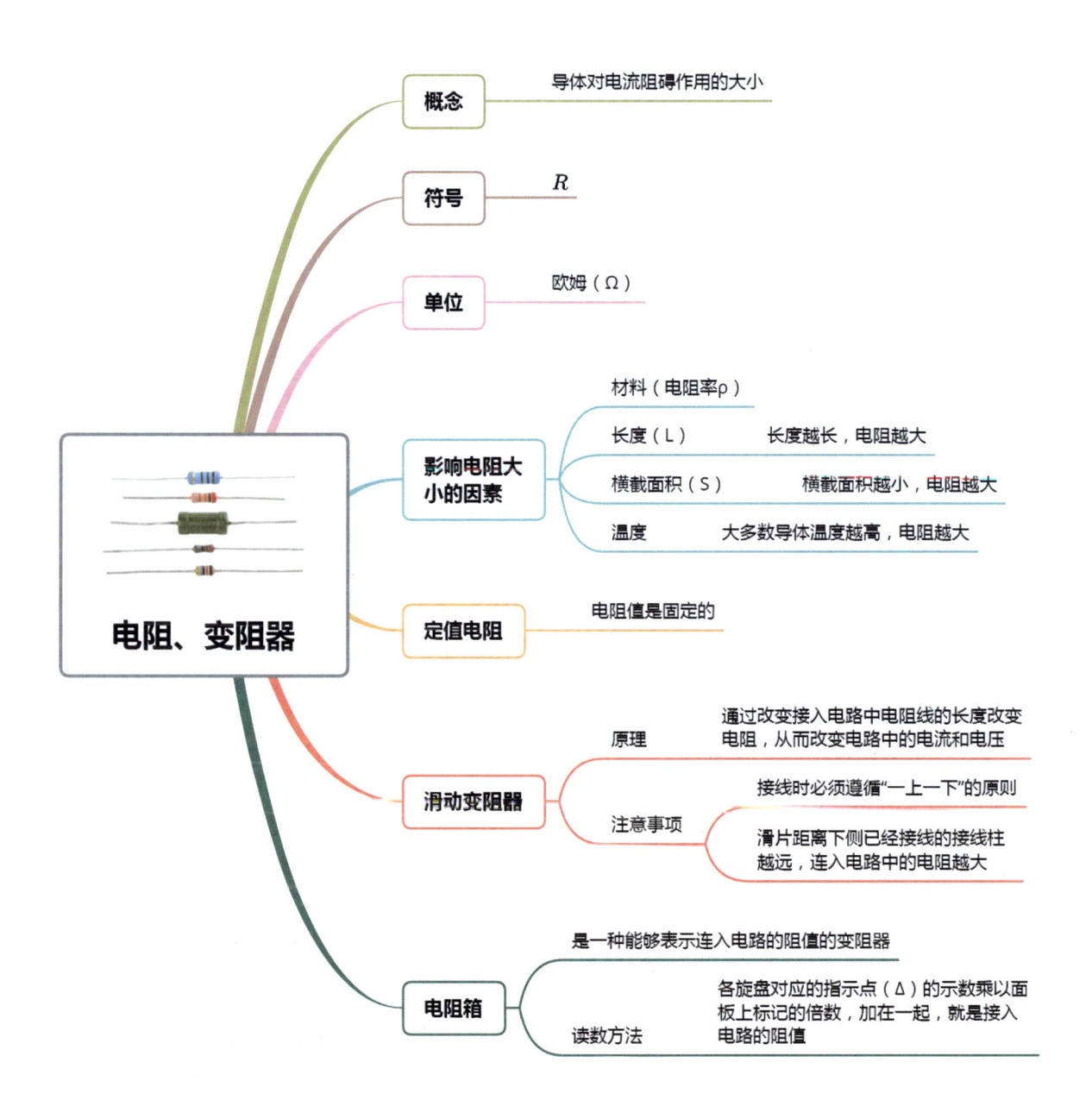

电阻、变阻器

概念 —— 导体对电流阻碍作用的大小

符号 —— R

单位 —— 欧姆（Ω）

影响电阻大小的因素
- 材料（电阻率ρ）
- 长度（L）—— 长度越长，电阻越大
- 横截面积（S）—— 横截面积越小，电阻越大
- 温度 —— 大多数导体温度越高，电阻越大

定值电阻 —— 电阻值是固定的

滑动变阻器
- 原理 —— 通过改变接入电路中电阻线的长度改变电阻，从而改变电路中的电流和电压
- 注意事项
  - 接线时必须遵循"一上一下"的原则
  - 滑片距离下侧已经接线的接线柱越远，连入电路中的电阻越大

电阻箱 —— 是一种能够表示连入电路的阻值的变阻器
- 读数方法 —— 各旋盘对应的指示点（△）的示数乘以面板上标记的倍数，加在一起，就是接入电路的阻值

127

第十七章 欧姆定律

欧姆定律

- **定义**：导体中的电流，跟导体两端的电压成正比，跟导体的电阻成反比。

- **注意**：
  - 欧姆定律不能理解为导体的电阻跟导体两端的电压成正比，跟导体中的电流成反比。
  - 电阻是导体本身的一种性质，其大小取决于导体的材料、长度、横截面积的温度，跟导体的电流和电压无关。

- **公式**：
  $$I = \frac{U}{R}$$
  - I——电流——安培（A）
  - U——电压——伏特（V）
  - R——电阻——欧姆（Ω）

- **电阻的测量**
  - **实验器材**：电源、开关、导线、小灯泡、电流表、电压表、滑动变阻器
  - **实验电路**：
    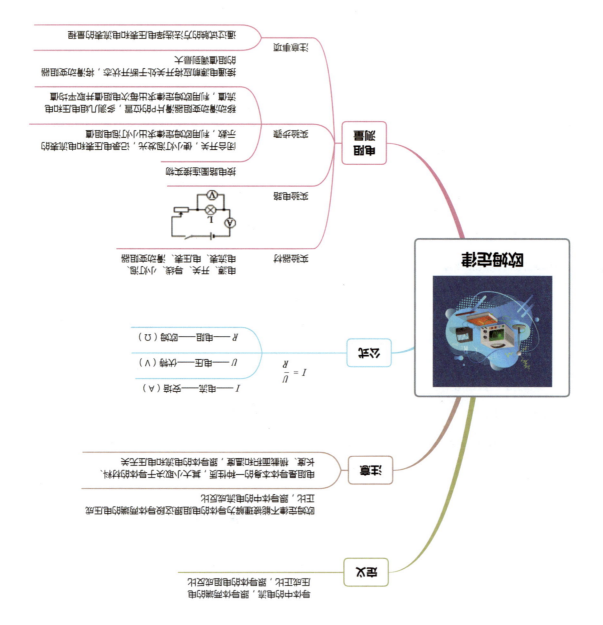
  - **实验步骤**：
    - 按电路图连接实物
    - 闭合开关S（电源开关），调节滑动变阻器，记录电流表和电压表的示数
    - 移动滑动变阻器片的位置，改变小灯泡两端的电压，我们把滑动变阻器所得到的电流和电压值记录下来
    - 把滑动变阻器的开关断开（断电状态），将滑动变阻器的电阻调至最大值
  - **注意事项**：
    - 通过实验数据来计算出小灯泡的电阻和电流的变化

初三专科·物理学习手册（配通版）

第十八章 电功率

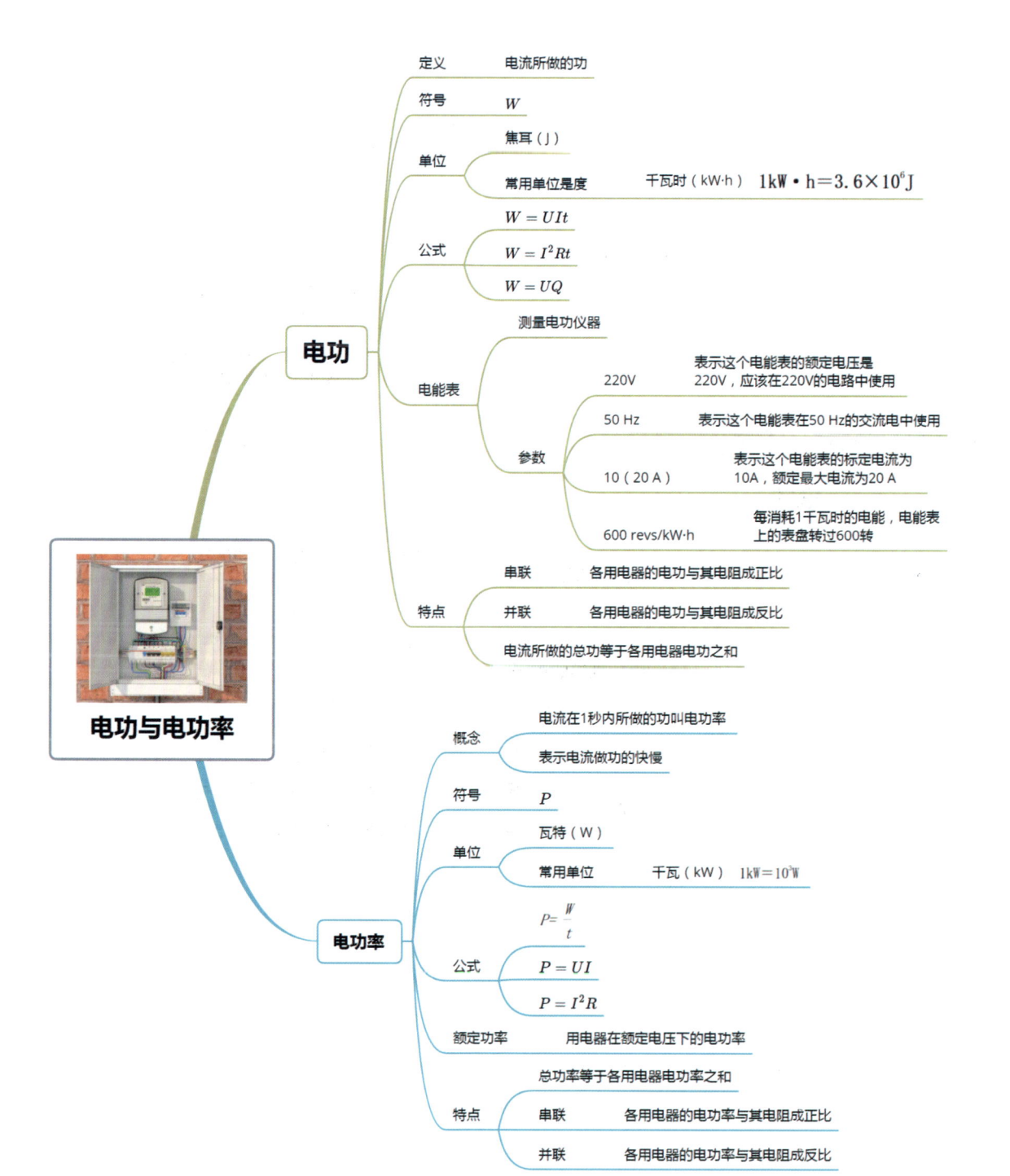

电功与电功率

电功
- 定义：电流所做的功
- 符号：W
- 单位
  - 焦耳（J）
  - 常用单位是度：千瓦时（kW·h） $1kW \cdot h = 3.6 \times 10^6 J$
- 公式
  - $W = UIt$
  - $W = I^2Rt$
  - $W = UQ$
- 电能表
  - 测量电功仪器
  - 参数
    - 220V：表示这个电能表的额定电压是220V，应该在220V的电路中使用
    - 50 Hz：表示这个电能表在50 Hz的交流电中使用
    - 10（20 A）：表示这个电能表的标定电流为10A，额定最大电流为20 A
    - 600 revs/kW·h：每消耗1千瓦时的电能，电能表上的表盘转过600转
- 特点
  - 串联：各用电器的电功与其电阻成正比
  - 并联：各用电器的电功与其电阻成反比
  - 电流所做的总功等于各用电器电功之和

电功率
- 概念
  - 电流在1秒内所做的功叫电功率
  - 表示电流做功的快慢
- 符号：P
- 单位
  - 瓦特（W）
  - 常用单位：千瓦（kW） $1kW = 10^3W$
- 公式
  - $P = \dfrac{W}{t}$
  - $P = UI$
  - $P = I^2R$
- 额定功率：用电器在额定电压下的电功率
- 特点
  - 总功率等于各用电器电功率之和
  - 串联：各用电器的电功率与其电阻成正比
  - 并联：各用电器的电功率与其电阻成反比

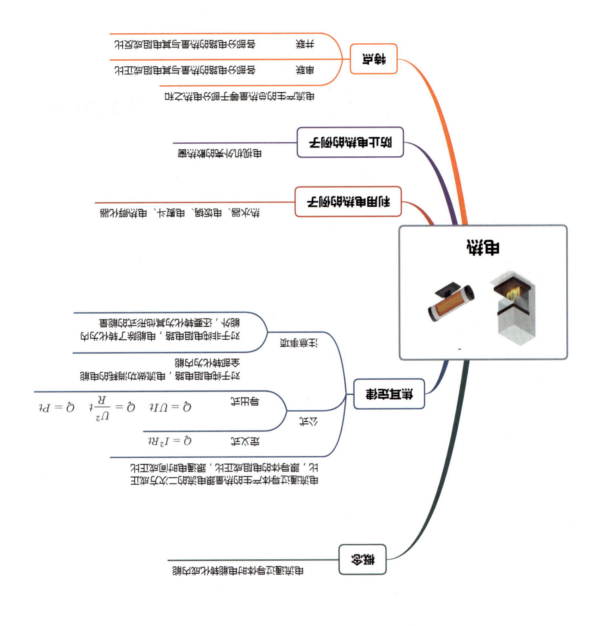

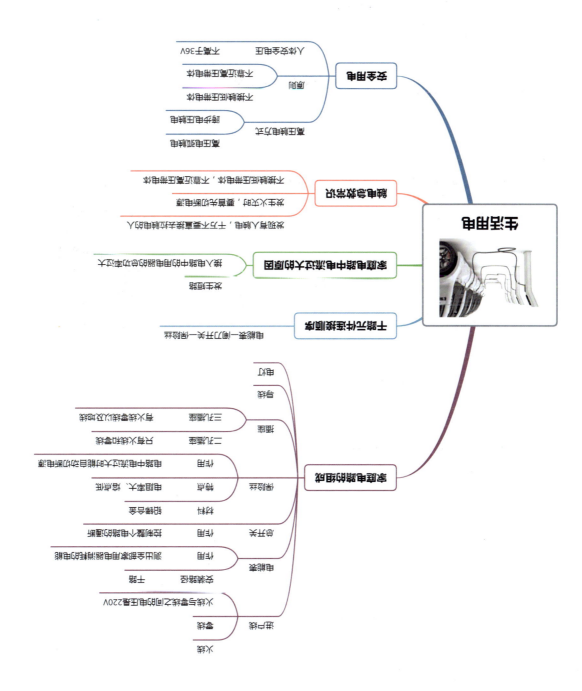

第二十章 电与磁

磁现象
- 磁性 —— 吸铁性
- 磁体 —— 具有磁性的物体
- 磁极
  - 南极（S）
  - 北极（N）
  - 特点
    - 每一块磁体都有两个磁极
    - 同名磁极互相排斥
    - 异名磁极互相吸引
- 磁化 —— 物体在磁体或电流的作用下会获得磁性

磁场
- 位置 —— 磁体周围的空间
- 性质 —— 磁体间的相互作用通过磁场而发生
- 方向 —— 把小磁针静止时北极所指的方向规定为该点磁场的方向
- 磁感线 —— 在磁场中画一些有方向的曲线
- 地磁场 —— 在地球周围存在着磁场

电流的磁效应
- 发现者 —— 丹麦物理学家奥斯特
- 特点
  - 通电导线的周围有磁场
  - 磁场的方向跟电流的方向有关

通电螺线管的磁场 —— 两端的极性跟螺线管中电流的方向有关

安培定则 —— 用右手握住螺线管，让四指指向螺线管中电流的方向，则拇指所指的那端就是螺线管的N极

电与磁（1）

九年级全一册《物理》思维导图

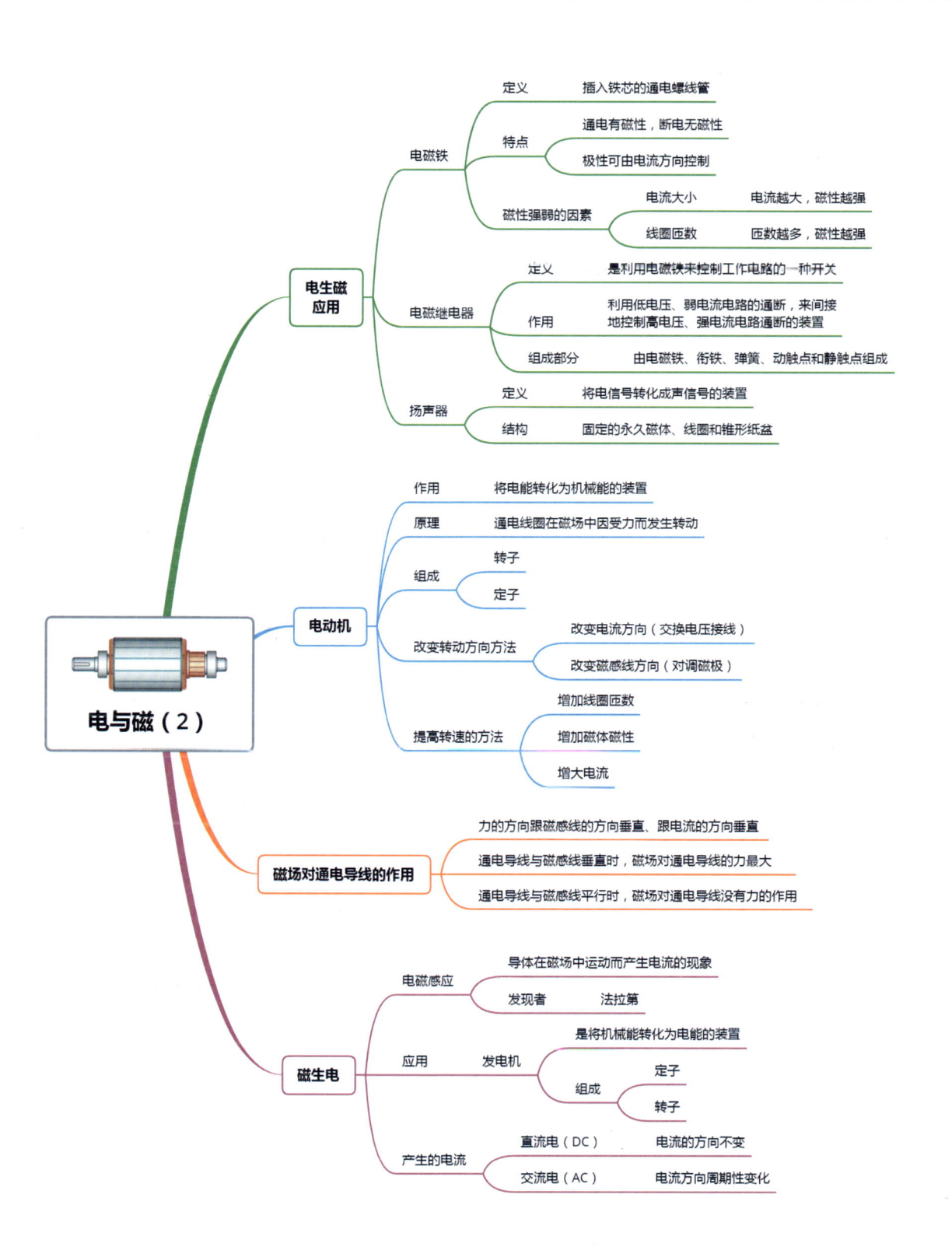

电与磁（2）

电生磁应用
- 电磁铁
  - 定义 —— 插入铁芯的通电螺线管
  - 特点
    - 通电有磁性，断电无磁性
    - 极性可由电流方向控制
  - 磁性强弱的因素
    - 电流大小 —— 电流越大，磁性越强
    - 线圈匝数 —— 匝数越多，磁性越强
- 电磁继电器
  - 定义 —— 是利用电磁铁来控制工作电路的一种开关
  - 作用 —— 利用低电压、弱电流电路的通断，来间接地控制高电压、强电流电路通断的装置
  - 组成部分 —— 由电磁铁、衔铁、弹簧、动触点和静触点组成
- 扬声器
  - 定义 —— 将电信号转化成声信号的装置
  - 结构 —— 固定的永久磁体、线圈和锥形纸盆

电动机
- 作用 —— 将电能转化为机械能的装置
- 原理 —— 通电线圈在磁场中因受力而发生转动
- 组成
  - 转子
  - 定子
- 改变转动方向方法
  - 改变电流方向（交换电压接线）
  - 改变磁感线方向（对调磁极）
- 提高转速的方法
  - 增加线圈匝数
  - 增加磁体磁性
  - 增大电流

磁场对通电导线的作用
- 力的方向跟磁感线的方向垂直、跟电流的方向垂直
- 通电导线与磁感线垂直时，磁场对通电导线的力最大
- 通电导线与磁感线平行时，磁场对通电导线没有力的作用

磁生电
- 电磁感应
  - 导体在磁场中运动而产生电流的现象
  - 发现者 —— 法拉第
- 应用
  - 发电机
    - 是将机械能转化为电能的装置
    - 组成
      - 定子
      - 转子
- 产生的电流
  - 直流电（DC）—— 电流的方向不变
  - 交流电（AC）—— 电流方向周期性变化

初三学科高效学习手册（微课版）

第二十一章 信息的传递

电话
- 发明者 —— 贝尔
- 结构 —— 主要由话筒和听筒组成
- 电话交换机 —— 提高线路的利用率
- 传输的信号
  - 模拟信号
  - 数字信号

信息的传递

电磁波
- 产生 —— 导线中电流的迅速变化会在空间激起电磁波
- 传播 —— 可以在真空中传播，不需要任何介质
- 波速
  - 定义 —— 描述波传播快慢的物理量
  - 符号 —— c $c = 2.99792458 \times 10^8$ m/s ≈ 3×10^8 km/s
- 波长
  - 电流每振荡一次电磁波向前传播的距离
  - 定义
    - 相邻两个波峰之间的距离
    - 相邻两个波谷之间的距离
  - 符号 —— λ
  - 单位 —— m
- 频率
  - 定义 —— 1秒内电流振荡的次数叫频率
  - 符号 —— f
  - 单位 —— 赫兹（Hz）、千赫（kHz）
- 公式 —— $c = \lambda f$
- 无线电波
  - 频率为数百千赫至数百兆赫的电磁波
  - 用于广播、电视和移动电话
  - 分类 —— 长波、中波、中短波、短波、微波
  - 特点 —— 频率越高，在相同时间内传输的信息越多

无线电通信系统
- 组成部分 —— 发射装置以及接收装置
- 例子 —— 广播、电视、移动电话
- 信号与频道
  - 音频信号
  - 视频信号
  - 射频电流
  - 频道

134

九年级全一册《物理》思维导图

 能源与可持续发展

能源与可持续发展

能源的分类
- 一次能源 —— 可以从自然界直接获取的能源
  - 常规能源 —— 化石能源、水能、风能等
  - 新能源 —— 核能、太阳能、潮汐能、地热能
- 二次能源 —— 通过一次能源的消耗才能得到，如电能
- 不可再生能源 —— 不能在短期内从自然界得到补充
- 可再生能源 —— 可以从自然界中得到补充

核能
- 裂变 —— 用中子轰击较重的原子核，使其裂变为较轻原子核
- 聚变 —— 使较轻原子核结合成为较重的原子核的一种核反应
- 优点
  - 可以节省煤、石油等能源
  - 用料省，运输方便
  - 无污染
- 缺点 —— 泄漏会造成放射性环境污染

太阳能
- 在太阳内部，氢原子核发生聚变，释放出核能
- 形式 —— 热和光
- 利用
  - 光合作用
  - 形成煤、石油等燃料
  - 利用集热器加热物质
  - 太阳能电池
- 优点 —— 取之不尽，用之不竭，清洁无污染

可持续发展
- 传统燃料的缺点 —— 粉尘和有害气体
- 未来的理想能源
  - 丰富
  - 便宜
  - 技术成熟
  - 安全、清洁
- 解决能源紧张的途径
  - 开发和利用新能源
  - 增强节能意识
  - 提高能源的利用率

135

九年级上册《化学》思维导图

第一单元 走进化学世界

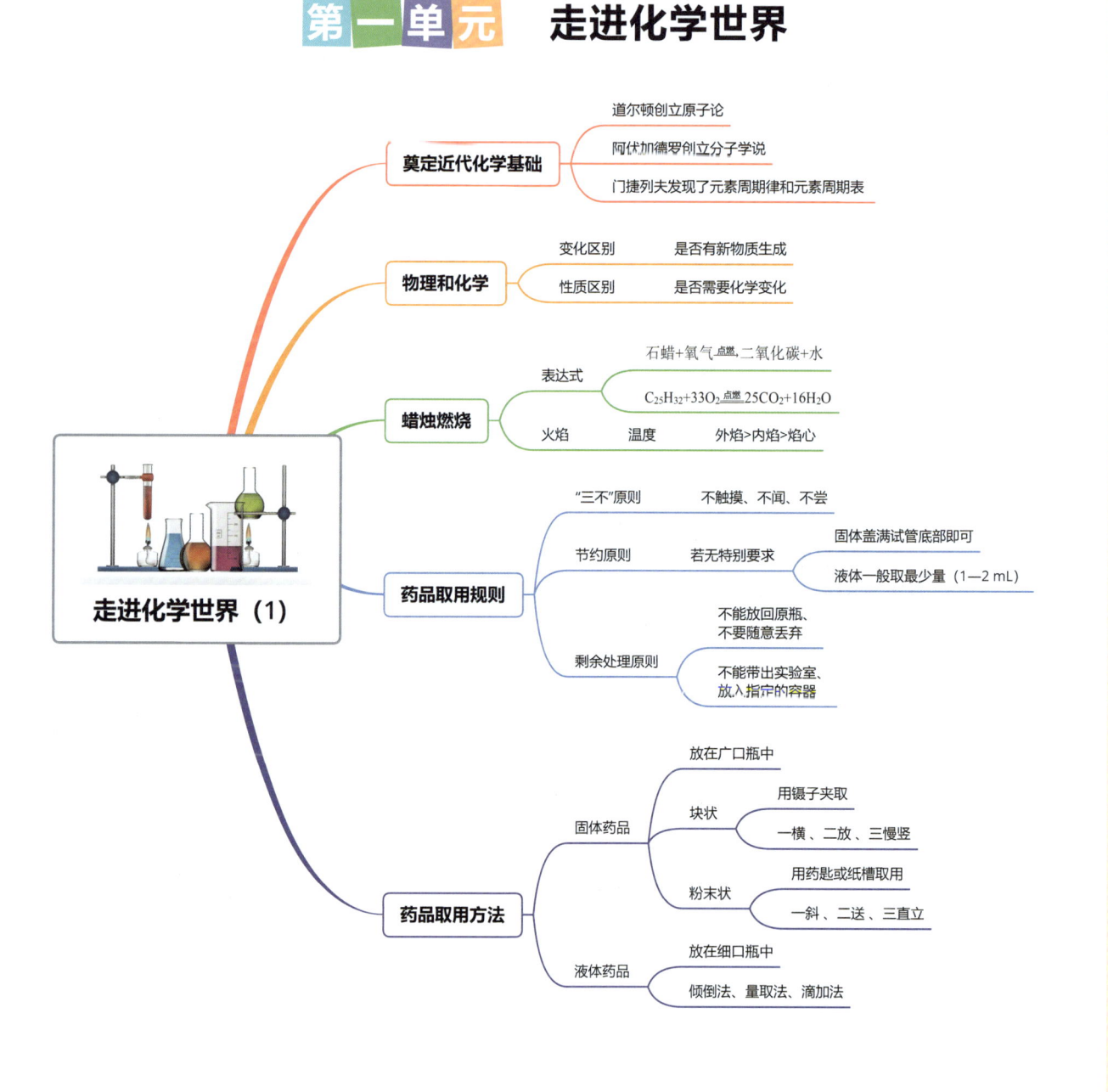

走进化学世界（1）

- **奠定近代化学基础**
  - 道尔顿创立原子论
  - 阿伏加德罗创立分子学说
  - 门捷列夫发现了元素周期律和元素周期表

- **物理和化学**
  - 变化区别 —— 是否有新物质生成
  - 性质区别 —— 是否需要化学变化

- **蜡烛燃烧**
  - 表达式
    - 石蜡+氧气 $\xrightarrow{\text{点燃}}$ 二氧化碳+水
    - $C_{25}H_{32}+33O_2 \xrightarrow{\text{点燃}} 25CO_2+16H_2O$
  - 火焰 —— 温度 —— 外焰>内焰>焰心

- **药品取用规则**
  - "三不"原则 —— 不触摸、不闻、不尝
  - 节约原则 —— 若无特别要求
    - 固体盖满试管底部即可
    - 液体一般取最少量（1—2 mL）
  - 剩余处理原则
    - 不能放回原瓶、不要随意丢弃
    - 不能带出实验室、放入指定的容器

- **药品取用方法**
  - 固体药品
    - 放在广口瓶中
    - 块状
      - 用镊子夹取
      - 一横、二放、三慢竖
    - 粉末状
      - 用药匙或纸槽取用
      - 一斜、二送、三直立
  - 液体药品
    - 放在细口瓶中
    - 倾倒法、量取法、滴加法

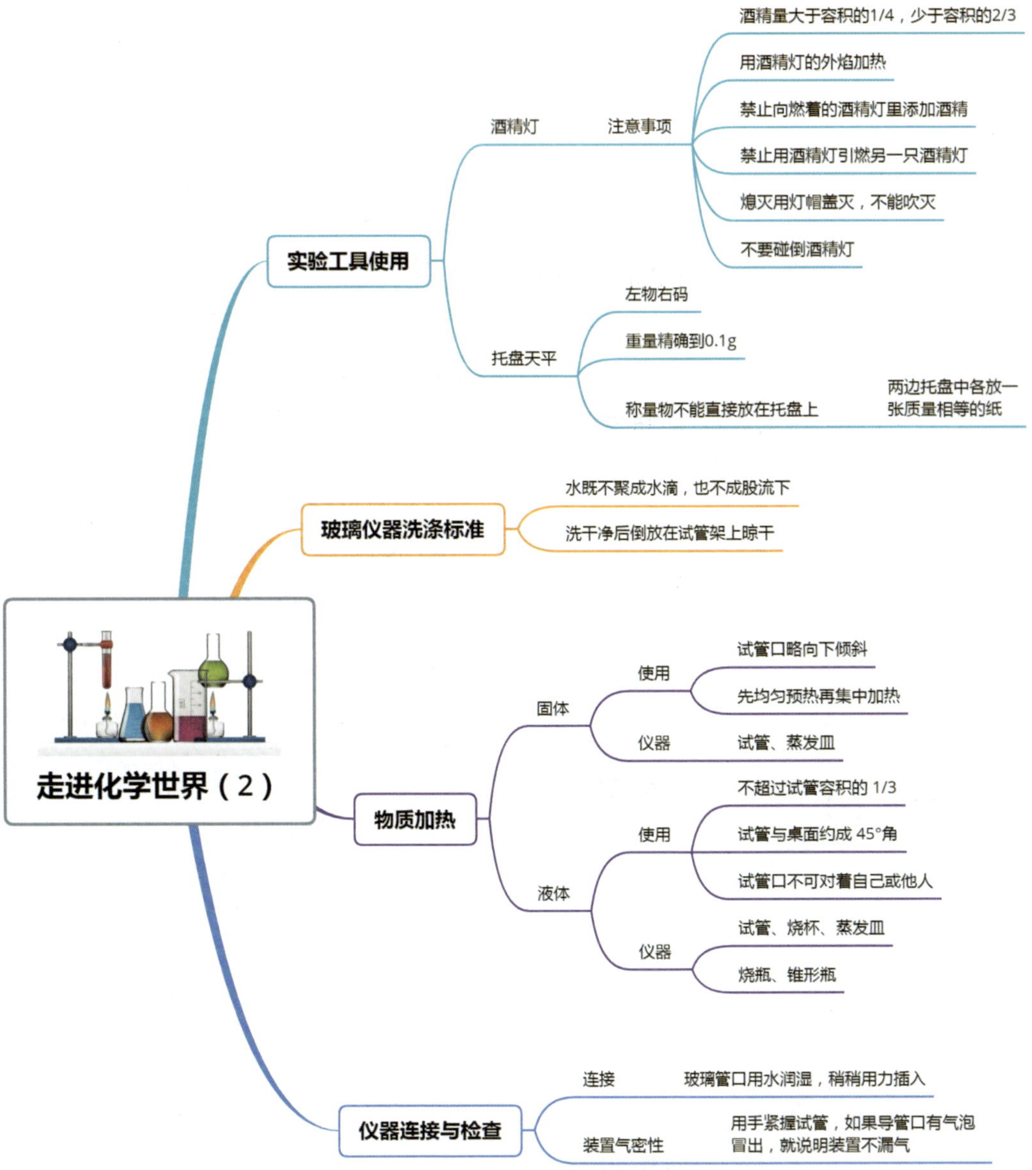

初三学科高效学习手册（微课版）

走进化学世界（2）

实验工具使用
- 酒精灯 — 注意事项
  - 酒精量大于容积的1/4，少于容积的2/3
  - 用酒精灯的外焰加热
  - 禁止向燃着的酒精灯里添加酒精
  - 禁止用酒精灯引燃另一只酒精灯
  - 熄灭用灯帽盖灭，不能吹灭
  - 不要碰倒酒精灯
- 托盘天平
  - 左物右码
  - 重量精确到0.1g
  - 称量物不能直接放在托盘上 — 两边托盘中各放一张质量相等的纸

玻璃仪器洗涤标准
- 水既不聚成水滴，也不成股流下
- 洗干净后倒放在试管架上晾干

物质加热
- 固体
  - 使用
    - 试管口略向下倾斜
    - 先均匀预热再集中加热
  - 仪器
    - 试管、蒸发皿
- 液体
  - 使用
    - 不超过试管容积的1/3
    - 试管与桌面约成45°角
    - 试管口不可对着自己或他人
  - 仪器
    - 试管、烧杯、蒸发皿
    - 烧瓶、锥形瓶

仪器连接与检查
- 连接 — 玻璃管口用水润湿，稍稍用力插入
- 装置气密性 — 用手紧握试管，如果导管口有气泡冒出，就说明装置不漏气

第二单元　我们周围的空气

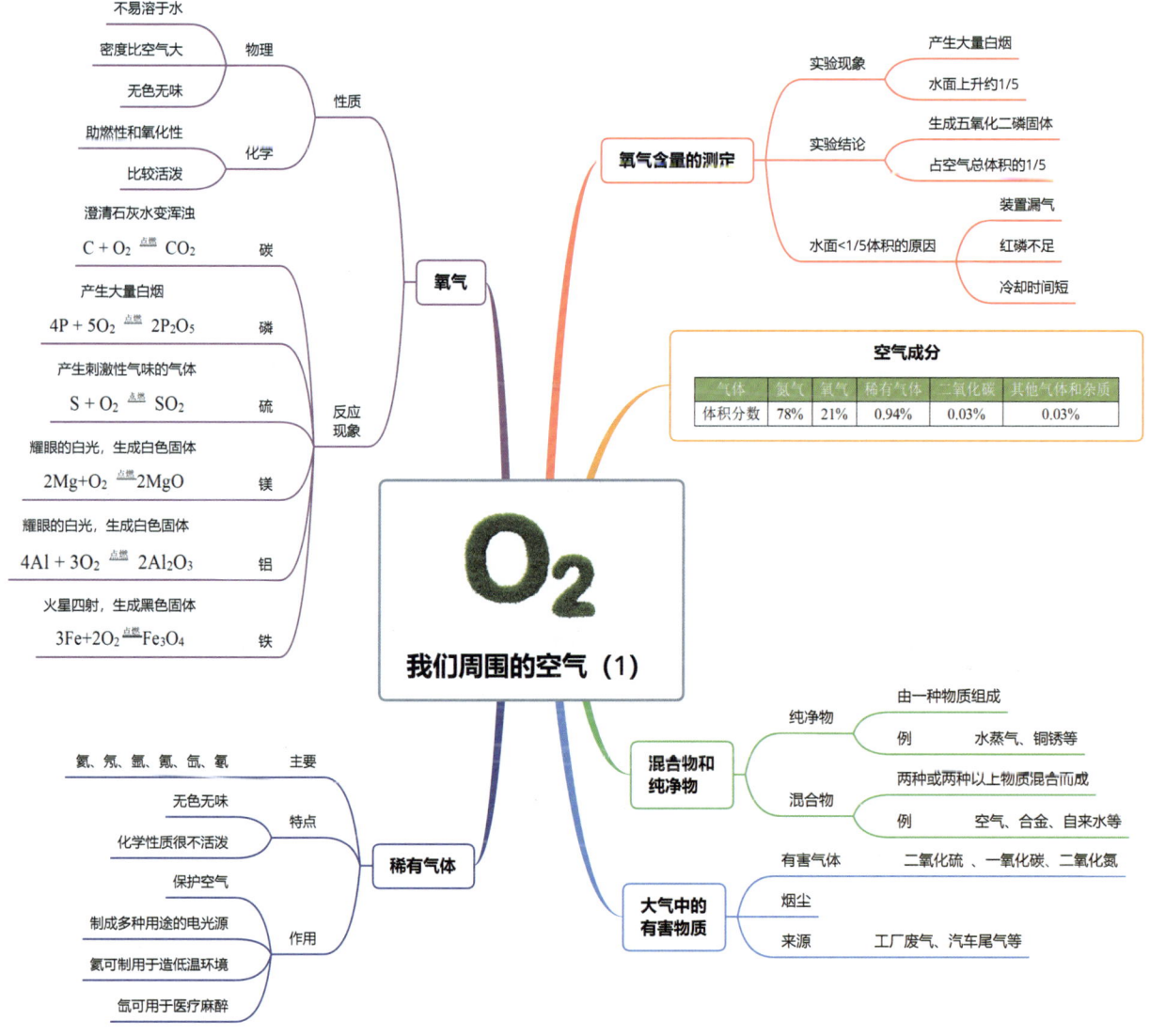

性质

物理
- 不易溶于水
- 密度比空气大
- 无色无味

化学
- 助燃性和氧化性
- 比较活泼

反应现象

碳
- 澄清石灰水变浑浊
- $C + O_2 \xrightarrow{\text{点燃}} CO_2$

磷
- 产生大量白烟
- $4P + 5O_2 \xrightarrow{\text{点燃}} 2P_2O_5$

硫
- 产生刺激性气味的气体
- $S + O_2 \xrightarrow{\text{点燃}} SO_2$

镁
- 耀眼的白光，生成白色固体
- $2Mg + O_2 \xrightarrow{\text{点燃}} 2MgO$

铝
- 耀眼的白光，生成白色固体
- $4Al + 3O_2 \xrightarrow{\text{点燃}} 2Al_2O_3$

铁
- 火星四射，生成黑色固体
- $3Fe + 2O_2 \xrightarrow{\text{点燃}} Fe_3O_4$

氧气

稀有气体

主要
- 氦、氖、氩、氪、氙、氡

特点
- 无色无味
- 化学性质很不活泼

作用
- 保护空气
- 制成多种用途的电光源
- 氦可制用于造低温环境
- 氙可用于医疗麻醉

氧气含量的测定

实验现象
- 产生大量白烟
- 水面上升约1/5

实验结论
- 生成五氧化二磷固体
- 占空气总体积的1/5

水面<1/5体积的原因
- 装置漏气
- 红磷不足
- 冷却时间短

空气成分

气体	氮气	氧气	稀有气体	二氧化碳	其他气体和杂质
体积分数	78%	21%	0.94%	0.03%	0.03%

混合物和纯净物

纯净物
- 由一种物质组成
- 例　水蒸气、铜锈等

混合物
- 两种或两种以上物质混合而成
- 例　空气、合金、自来水等

大气中的有害物质

- 有害气体　二氧化硫、一氧化碳、二氧化氮
- 烟尘
- 来源　工厂废气、汽车尾气等

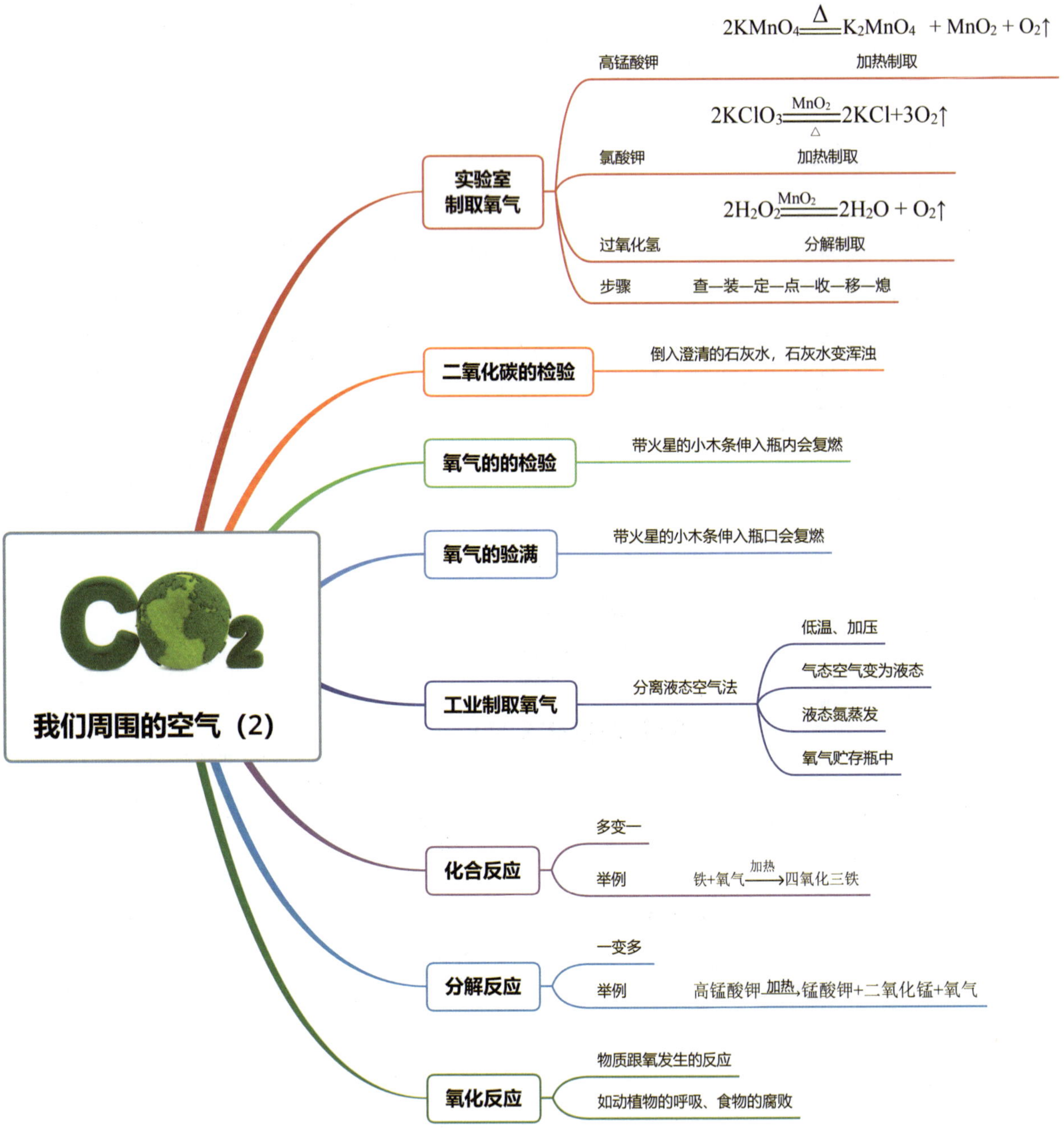

初三学科高效学习手册（微课版）

我们周围的空气（2）

实验室制取氧气
- 高锰酸钾　加热制取
$$2KMnO_4 \xrightarrow{\Delta} K_2MnO_4 + MnO_2 + O_2\uparrow$$
- 氯酸钾　加热制取
$$2KClO_3 \xrightarrow[\Delta]{MnO_2} 2KCl + 3O_2\uparrow$$
- 过氧化氢　分解制取
$$2H_2O_2 \xrightarrow{MnO_2} 2H_2O + O_2\uparrow$$
- 步骤　查—装—定—点—收—移—熄

二氧化碳的检验　倒入澄清的石灰水，石灰水变浑浊

氧气的的检验　带火星的小木条伸入瓶内会复燃

氧气的验满　带火星的小木条伸入瓶口会复燃

工业制取氧气　分离液态空气法
- 低温、加压
- 气态空气变为液态
- 液态氮蒸发
- 氧气贮存瓶中

化合反应
- 多变一
- 举例　铁+氧气 $\xrightarrow{加热}$ 四氧化三铁

分解反应
- 一变多
- 举例　高锰酸钾 $\xrightarrow{加热}$ 锰酸钾+二氧化锰+氧气

氧化反应
- 物质跟氧发生的反应
- 如动植物的呼吸、食物的腐败

142

第三章 物质构成的奥秘

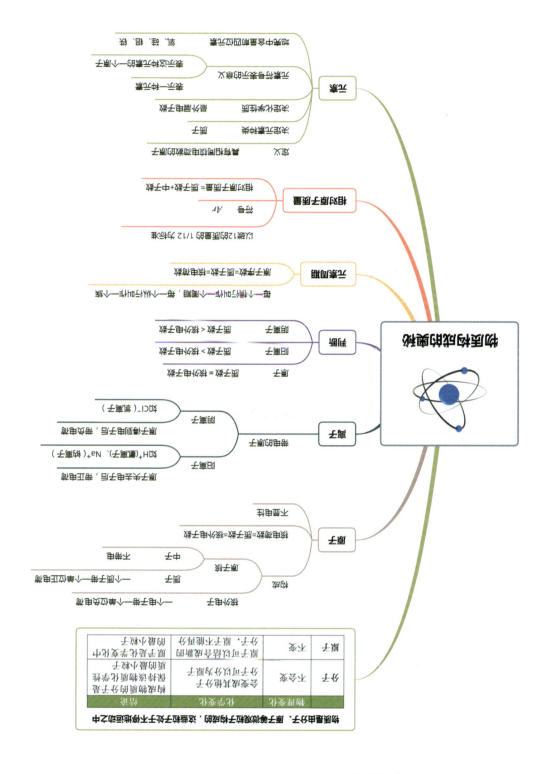

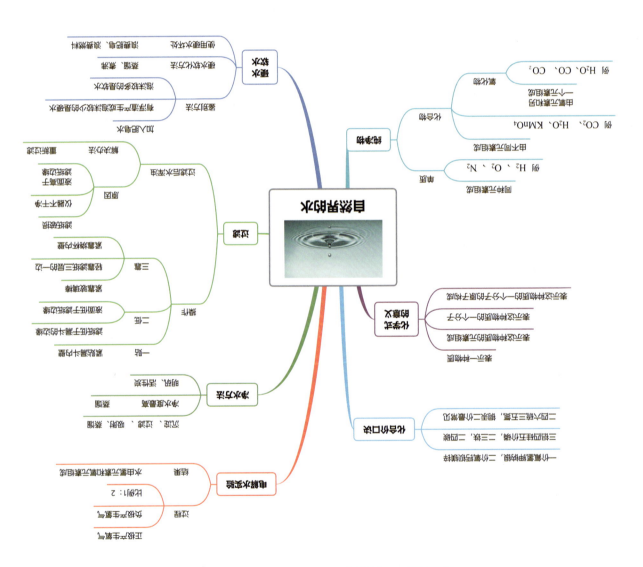

九年级上册《化学》思维导图

第五单元 化学方程式

质量守恒定律
- 化学反应前质量总和=反应后质量总和
- 原因 —— 原子的种类、数目、质量不变

化学反应前后
- 一定不变
  - 反应物和生成物的总质量
  - 元素的种类和质量
  - 原子的种类、数目、质量
- 一定改变 —— 物质种类、分子种类
- 可能改变 —— 分子总数

化学方程式书写
- 必须以客观事实为基础
- 要遵守质量守恒定律 —— "等号"表示两边各原子的数目必须相等
- 注明化学反应的条件

反应类型
- 化合反应 —— 由两种或两种以上物质生成另一种物质
- 分解反应 —— 由一种反应物生成两种或两种以上其他物质
- 置换反应 —— 一种单质和一种化合物反应生成另一种单质、化合物
- 复分解反应 —— 两种化合物相互交换成分，生成另外两种化合物

化学方程式

初中常用化学方程式

①镁在空气中燃烧：$2Mg + O_2 \xrightarrow{\text{点燃}} 2MgO$

②铁在氧气中燃烧：$3Fe + 2O_2 \xrightarrow{\text{点燃}} Fe_3O_4$

③铜在空气中受热：$2Cu + O_2 \xrightarrow{\Delta} 2CuO$

④铝在空气中燃烧：$4Al + 3O_2 \xrightarrow{\text{点燃}} 2Al_2O_3$

⑤氢气中空气中燃烧：$2H_2 + O_2 \xrightarrow{\text{点燃}} 2H_2O$

⑥红磷在空气中燃烧：$4P + 5O_2 \xrightarrow{\text{点燃}} 2P_2O_5$

⑦硫粉在空气中燃烧：$S + O_2 \xrightarrow{\text{点燃}} SO_2$

⑧碳在氧气中燃烧：$C + O_2 \xrightarrow{\text{点燃}} CO_2$

⑨水在直流电的作用下分解：$2H_2O \xrightarrow{\text{通电}} 2H_2\uparrow + O_2\uparrow$

⑩加热氯酸钾（有少量的二氧化锰）：$2KClO_3 \xrightarrow[\Delta]{MnO_2} 2KCl + 3O_2\uparrow$

⑪分解过氧化氢：$2H_2O_2 \xrightarrow{MnO_2} 2H_2O + O_2\uparrow$

⑫加热高锰酸钾：$2KMnO_4 \xrightarrow{\Delta} K_2MnO_4 + MnO_2 + O_2\uparrow$

⑬氢气还原氧化铜：$H_2 + CuO \xrightarrow{\Delta} Cu + H_2O$

⑭锌和稀硫酸：$Zn + H_2SO_4 \xrightarrow{\quad} ZnSO_4 + H_2\uparrow$

⑮锌和稀盐酸：$Zn + 2HCl \xrightarrow{\quad} ZnCl_2 + H_2\uparrow$

初三学科高效学习手册（微课版）

 碳和碳的氧化物

碳和碳的氧化物

碳的几种单质
- 金刚石
  - 无色透明，天然最硬的物质
  - 用于切割玻璃、钻探机的钻头
- 石墨
  - 深灰色，导电性、润滑性
  - 用于铅笔芯、石墨炸弹等
- 活性碳
  - 吸附性
  - 常用做吸附剂
- C_{60}
  - 分子结构形似足球，碳分子很稳定
  - 未来可能会被用于超导、催化、医学等领域

炭
- 木炭
  - 灰黑色的多孔性固体
  - 用于燃料、制活性炭、冶炼金属
- 活性炭
  - 灰黑色多孔颗粒状固体
  - 用于净化多种气体和液体
  - 作防毒面具
- 焦炭
  - 浅灰色多孔性固体
  - 用于冶炼金属
- 炭黑
  - 极细的黑色粉末
  - 用作橡胶制品的填料

碳的化学性质
- 可燃性
  - 碳在氧气中充分燃烧
    $C+O_2 \xrightarrow{\text{点燃}} CO_2$
  - 碳在氧气中不充分燃烧
    $C+O_2 \xrightarrow{\text{高温}} 2CO$
- 还原性
  - 木炭还原氧化铜
    $C+2CuO \xrightarrow{\text{高温}} 2Cu+CO_2\uparrow$
  - 碳把铁从铁矿石中还原出来
    $2Fe_2O_3+3C \xrightarrow{\text{高温}} 4Fe+3CO_2\uparrow$
  - 二氧化碳高温下变成一氧化碳
    $CO_2+C \xrightarrow{\text{高温}} 2CO$

一氧化碳
- 特点
  - 无色无味、有剧毒
- 性质
  - 能燃烧，火焰呈蓝色
    $2CO+O_2 \xrightarrow{\text{点燃}} 2CO_2$
  - 还原性，可用于冶金工业
    $CuO+CO \xrightarrow{\triangle} Cu+CO_2$

二氧化碳
- 特点
  - 无色无味
  - 不能燃烧，不能供给呼吸
- 用途
  - 可做制冷剂
  - 用于人工降雨
- 反应
  - 与水反应生成碳酸，碳酸使紫色的石蕊试液变红
    $CO_2+H_2O == H_2CO_3$
  - 变红的紫色石蕊试液加热又会恢复紫色
    $H_2CO_3 == CO_2\uparrow+H_2O$
  - 通入澄清的石灰水，石灰水变浑浊
    $Ca(OH)_2+CO_2 == CaCO_3\downarrow+H_2O$
- 检验
- 验满
  - 用点燃的木条放瓶口会熄灭
- 实验室制取二氧化碳
  - 用石灰石和稀盐酸反应
    $CaCO_3+2HCl == CaCl_2+H_2O+CO_2\uparrow$
- 收集方法
  - 向上排空气法

146

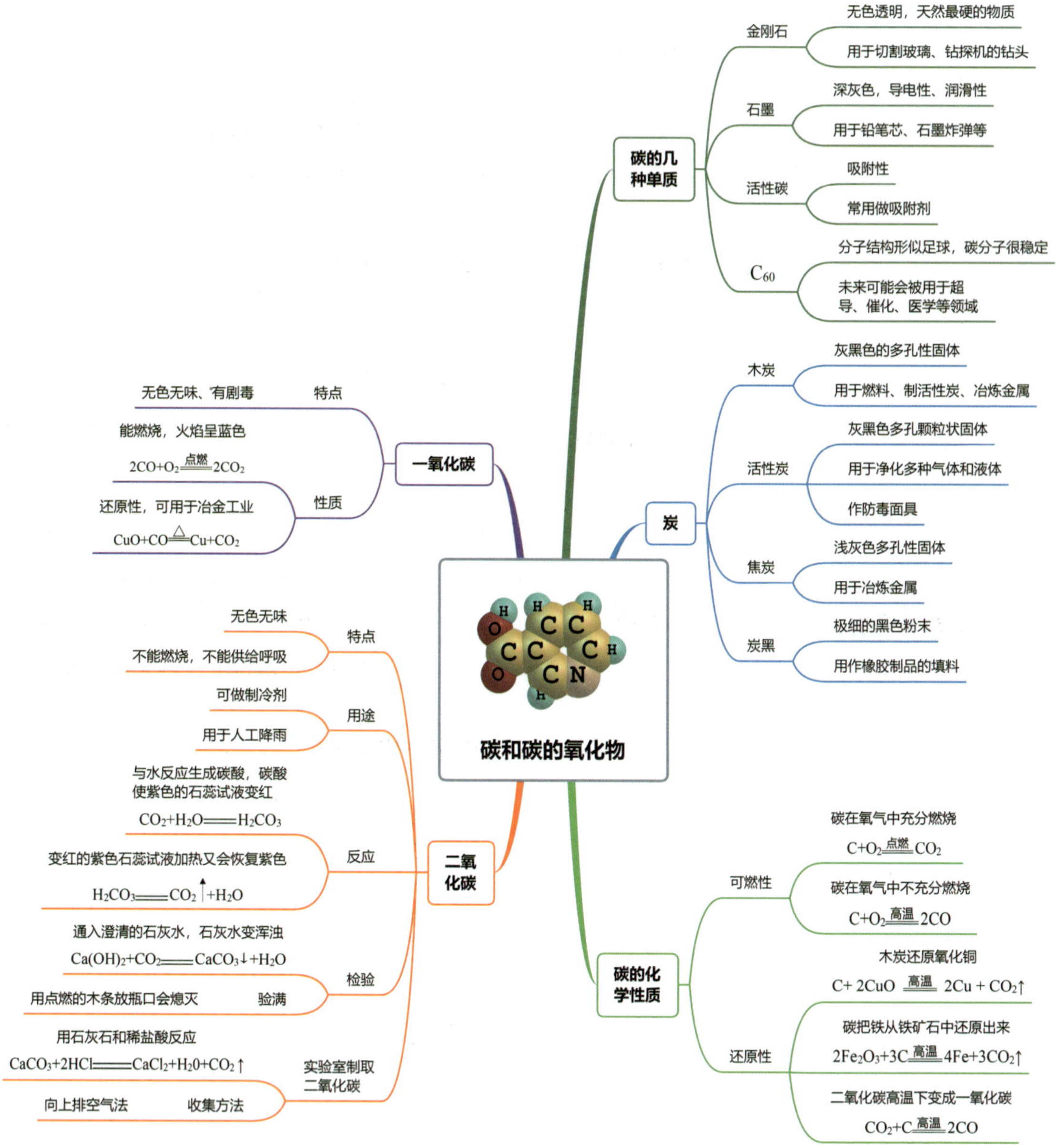

九年级上册《化学》思维导图

 **燃料及其利用**

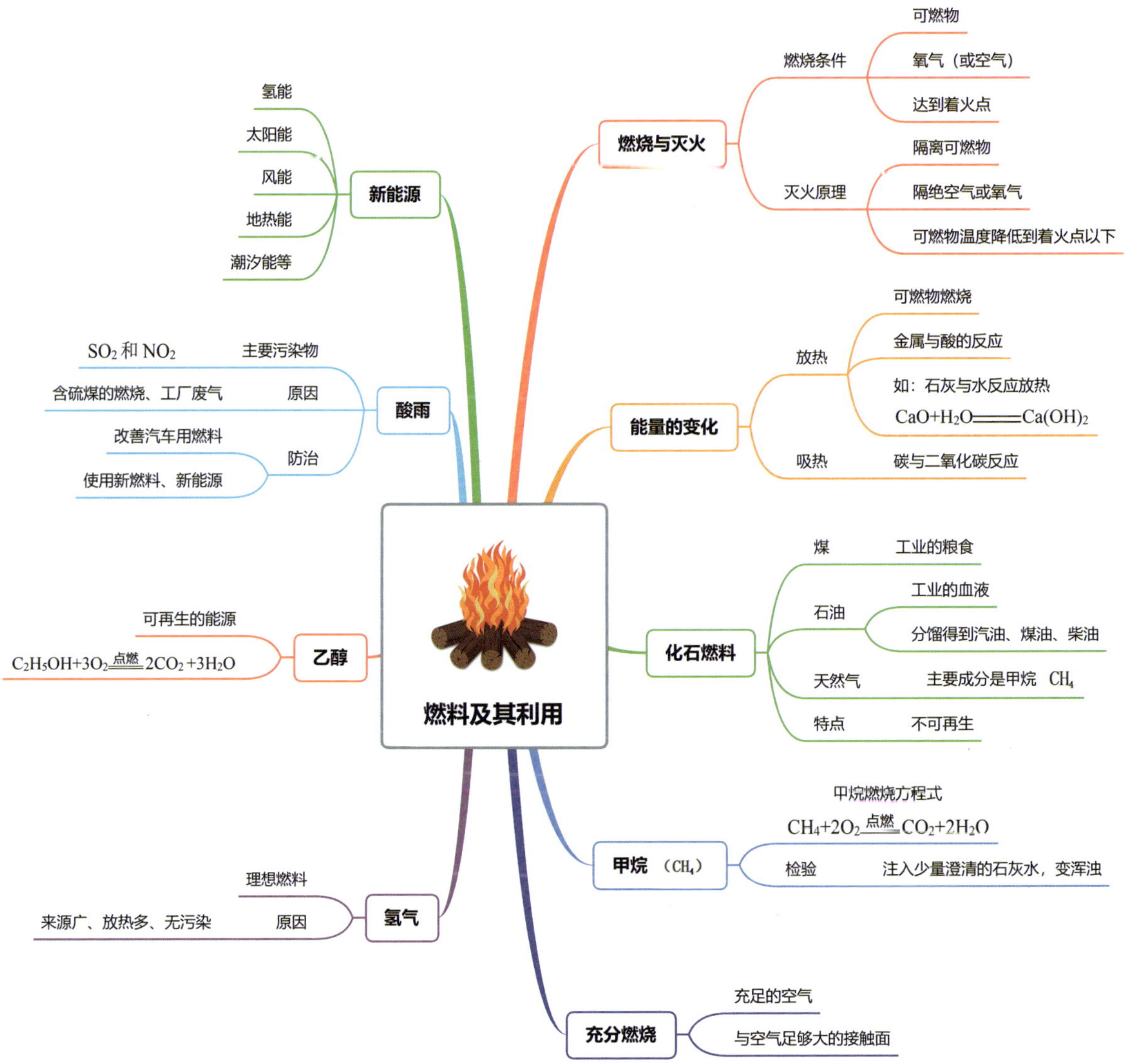

燃烧与灭火
- 燃烧条件
  - 可燃物
  - 氧气（或空气）
  - 达到着火点
- 灭火原理
  - 隔离可燃物
  - 隔绝空气或氧气
  - 可燃物温度降低到着火点以下

新能源
- 氢能
- 太阳能
- 风能
- 地热能
- 潮汐能等

能量的变化
- 放热
  - 可燃物燃烧
  - 金属与酸的反应
  - 如：石灰与水反应放热 $CaO+H_2O==Ca(OH)_2$
- 吸热
  - 碳与二氧化碳反应

酸雨
- 主要污染物：SO_2 和 NO_2
- 原因：含硫煤的燃烧、工厂废气
- 防治
  - 改善汽车用燃料
  - 使用新燃料、新能源

化石燃料
- 煤：工业的粮食
- 石油
  - 工业的血液
  - 分馏得到汽油、煤油、柴油
- 天然气：主要成分是甲烷 CH_4
- 特点：不可再生

乙醇
- 可再生的能源
- $C_2H_5OH+3O_2 \xrightarrow{\text{点燃}} 2CO_2+3H_2O$

甲烷（CH_4）
- 甲烷燃烧方程式 $CH_4+2O_2 \xrightarrow{\text{点燃}} CO_2+2H_2O$
- 检验：注入少量澄清的石灰水，变浑浊

氢气
- 理想燃料
- 原因：来源广、放热多、无污染

充分燃烧
- 充足的空气
- 与空气足够大的接触面

147

九年级下册《化学》思维导图

第八单元　金属和金属材料

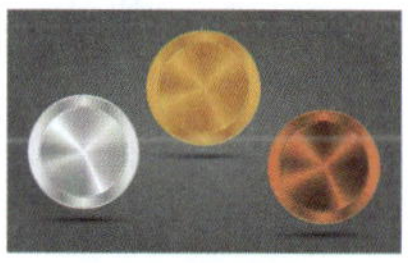

金属和金属材料

金属

- 特点
  - 固体
  - 热和电的良导体
  - 大多数呈银白色
- 铝　地壳中含量最高
- 钙　人体中含量最高
- 铁　世界年产量最高
- 银　导电、导热性最好
- 铬　硬度最高的金属
- 钨　熔点最高
- 汞　熔点最低
- 锇　密度最大
- 锂　密度最小

合金

- 混合物，具有金属特征的物质
- 比金属硬度高，熔点低
- 抗腐蚀性较好

与氧气的反应

- 镁
  - 耀眼的白光，白色的固体
  - $2Mg+O_2 \xrightarrow{\text{点燃}} 2MgO$
- 铝
  - 生成氧化膜
  - $4Al+3O_2 \xrightarrow{\text{点燃}} 2Al_2O_3$
- 铁
  - 持续加热变红
  - $3Fe+2O_2 \xrightarrow{\text{点燃}} Fe_3O_4$
- 铜
  - 生成黑色物质
  - $2Cu+O_2 \xrightarrow{\Delta} 2CuO$
- 银金　不与氧气发生反应

金属保护途径

- 防止金属腐蚀
- 回收利用
- 有计划合理地开采矿物
- 寻找金属的代用品

炼铁原理

- $3CO+Fe_2O_3 \xrightarrow{\quad} 2Fe+3CO_2$
- 物质变黑，澄清的石灰水变浑浊

金属活动顺序

$$K\ Ca\ Na\ Mg\ Al\ Zn\ Fe\ Sn\ Pb\ （H）\ Cu\ Hg\ Ag\ Pt\ Au \longrightarrow$$
金属活动性由强逐渐减弱

- 金属的位置越靠前，它的活动性就越强
- 位于氢前面的金属能置换出盐酸、稀硫酸中的氢
- 位于前面的金属能把位于后面的金属从它们的盐溶液中置换出来

与稀酸的反应

- $Mg+2HCl \xrightarrow{\quad} MgCl_2+H_2\uparrow$（置换反应）
- $Mg+H_2SO_4 \xrightarrow{\quad} MgSO_4+H_2\uparrow$（置换反应）
- $Zn+2HCl \xrightarrow{\quad} ZnCl_2+H_2\uparrow$（置换反应）
- $Zn+H_2SO_4 \xrightarrow{\quad} ZnSO_4+H_2\uparrow$（置换反应）
- $Fe+2HCl \xrightarrow{\quad} FeCl_2+H_2\uparrow$（溶液由无色变浅绿色）
- $Fe+H_2SO_4 \xrightarrow{\quad} FeSO_4+H_2\uparrow$（溶液由无色变浅绿色）

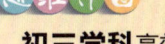

初三学科高效学习手册（微课版）

第九单元　溶液

概念
- 一种或几种物质分散到另一种物质里，形成均一的、稳定的混合物
- 组成
  - 溶剂　能溶解其他物质的物质
  - 溶质　被溶解的物质

体积和质量
- 溶液的质量 = 溶质的质量 + 溶剂的质量
- 溶液的体积 ≠ 溶质体积 + 溶剂体积

乳化现象
- 一种液体以极微小液滴均匀地分散在互不相溶的另一种液体中
- 特点
  - 密度小的在上层，
  - 密度大的在下层
  - 如　油与水

溶解过程
- 扩散过程　吸收热量
- 水合过程　放出热量
- 吸热 > 放热
  - 温度降低
  - 例　硝酸钾固体溶于水
- 吸热 < 放热
  - 温度升高
  - 例　氢氧化钠固体、浓硫酸溶于水

溶液

饱和、不饱和
- 饱和溶液　溶质不能继续溶解 　一定温度下，向一定量的溶剂里加入溶质
- 不饱和溶液　溶质还能继续溶解
- 转化关系及结晶的方法
  - 不饱和溶液 $\xrightarrow[\text{降低温度或蒸发溶剂、增加溶质}]{\text{增加溶剂或升高温度}}$ 饱和溶液 $\xrightarrow[\text{冷却}]{\text{蒸发溶剂}}$ 结晶

溶解度
- 固体物质的溶解度
  - 概念　在一定温度下，某固态物质在100g溶剂里达到饱和状态时所溶解的质量
  - 大多数
    - 随温度的升高而增大
    - 如　KNO_3
  - 少数
    - 随温度的升高而减小
    - 如　$Ca(OH)_2$
  - 不变　NaCl
- 气体的溶解度
  - 概念　是指该气体的压强为101 kPa和一定温度时，在1体积水里溶解达到饱和状态时的气体体积
  - 影响因素
    - 温度
    - 压强

溶液的浓度
- 溶质的质量分数 = $\dfrac{\text{溶质质量}}{\text{溶液质量}} \times 100\%$
- 稀释的计算式
  - 稀释前溶质的质量 = 稀释后溶质的质量
  - $M_{前} \times a_{前}\% = M_{后} \times a_{后}\%$
- 溶质质量 = 溶液的密度 × 溶液体积 × 溶质质量分数

150

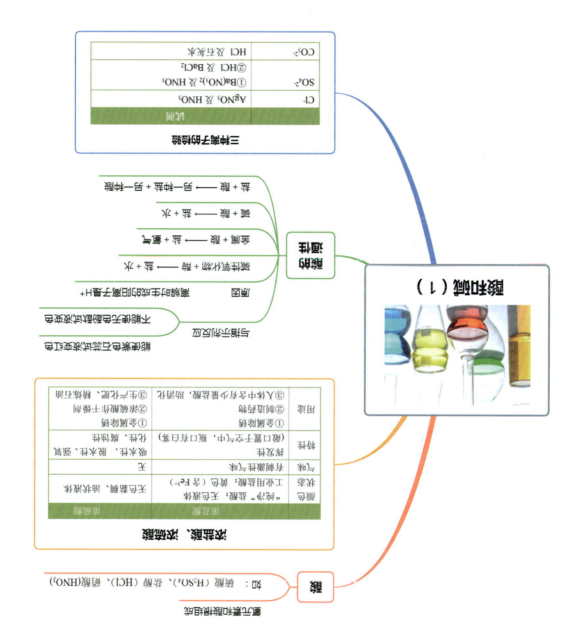

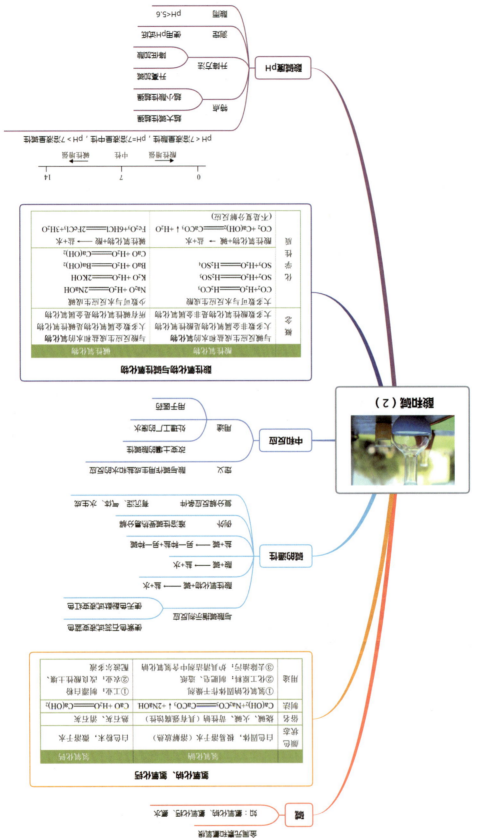

九年级下册《化学》思维导图

第十一单元 盐 化肥

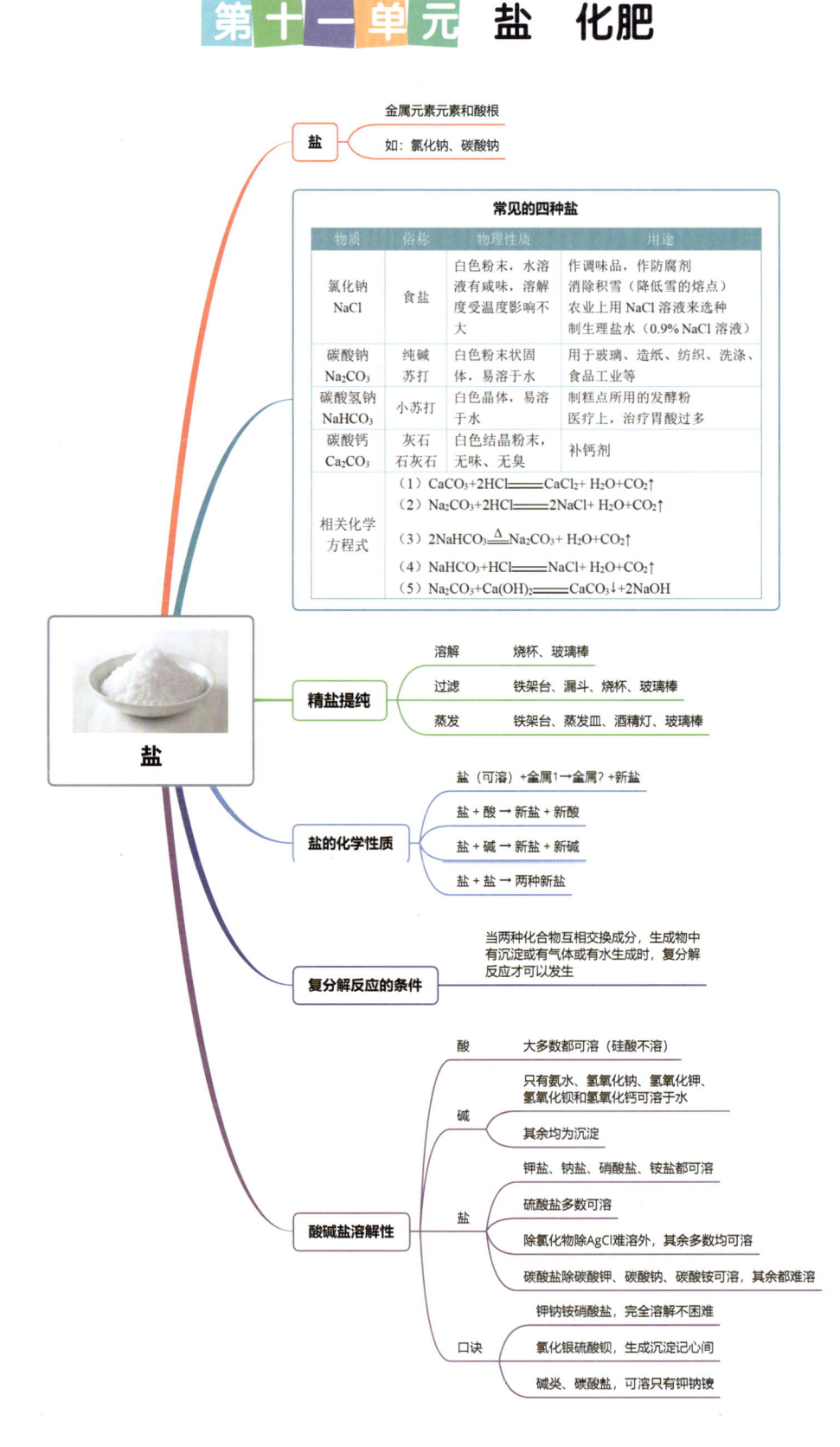

盐 —— 金属元素元素和酸根

如：氯化钠、碳酸钠

常见的四种盐

物质	俗称	物理性质	用途
氯化钠 NaCl	食盐	白色粉末，水溶液有咸味，溶解度受温度影响不大	作调味品，作防腐剂 消除积雪（降低雪的熔点） 农业上用 NaCl 溶液来选种 制生理盐水（0.9% NaCl 溶液）
碳酸钠 Na_2CO_3	纯碱 苏打	白色粉末状固体，易溶于水	用于玻璃、造纸、纺织、洗涤、食品工业等
碳酸氢钠 $NaHCO_3$	小苏打	白色晶体，易溶于水	制糕点所用的发酵粉 医疗上，治疗胃酸过多
碳酸钙 Ca_2CO_3	灰石 石灰石	白色结晶粉末，无味、无臭	补钙剂
相关化学方程式		（1）$CaCO_3+2HCl=\!=\!=CaCl_2+H_2O+CO_2\uparrow$ （2）$Na_2CO_3+2HCl=\!=\!=2NaCl+H_2O+CO_2\uparrow$ （3）$2NaHCO_3 \xrightarrow{\Delta} Na_2CO_3+H_2O+CO_2\uparrow$ （4）$NaHCO_3+HCl=\!=\!=NaCl+H_2O+CO_2\uparrow$ （5）$Na_2CO_3+Ca(OH)_2=\!=\!=CaCO_3\downarrow+2NaOH$	

精盐提纯
- 溶解　烧杯、玻璃棒
- 过滤　铁架台、漏斗、烧杯、玻璃棒
- 蒸发　铁架台、蒸发皿、酒精灯、玻璃棒

盐的化学性质
- 盐（可溶）+金属1→金属2+新盐
- 盐 + 酸 → 新盐 + 新酸
- 盐 + 碱 → 新盐 + 新碱
- 盐 + 盐 → 两种新盐

复分解反应的条件
当两种化合物互相交换成分，生成物中有沉淀或有气体或有水生成时，复分解反应才可以发生

酸碱盐溶解性
- 酸　大多数都可溶（硅酸不溶）
- 碱
  - 只有氨水、氢氧化钠、氢氧化钾、氢氧化钡和氢氧化钙可溶于水
  - 其余均为沉淀
- 盐
  - 钾盐、钠盐、硝酸盐、铵盐都可溶
  - 硫酸盐多数可溶
  - 除氯化物除AgCl难溶外，其余多数均可溶
  - 碳酸盐除碳酸钾、碳酸钠、碳酸铵可溶，其余都难溶
- 口诀
  - 钾钠铵硝酸盐，完全溶解不困难
  - 氯化银硫酸钡，生成沉淀记心间
  - 碱类、碳酸盐，可溶只有钾钠铵

153

化肥

氮肥
- 作用 —— 促进植物茎、叶生长茂盛
- 缺氮表现 —— 叶黄
- NH4+检验
  - 试剂
    - 碱（NaOH等）
    - 湿润的红色石蕊试纸
  - 公式 —— $NH_4NO_3+NaOH=NaNO_3+NH_3\uparrow+H_2O$
- 常用 —— 尿素、碳酸氢铵、硝酸铵、氯化铵等

钾肥
- 作用
  - 促使作物生长健壮
  - 抗倒伏
- 缺钾 —— 叶尖发黄
- 常用 —— 氯化钾、硫酸钾、草木灰

磷肥
- 作用
  - 促进植物根系发达
  - 催果
- 缺磷
  - 生长迟缓，产量降低
  - 根系不发达
- 常用 —— 磷矿粉、钙镁磷肥等

复合肥
- 特点 —— 含N、P、K中的两种或三种
- 常用 —— 硝酸钾、磷酸二氢钾、磷酸二氢铵、磷酸氢二铵

化肥对环境的影响
- 土壤污染
- 大气污染
- 水污染

合理使用化肥
- 根据土壤情况和农作物种类选择
- 农家肥和化肥合理配用

氮肥、钾肥、磷肥区别方法

	氮肥	钾肥	磷肥
看外观	白色晶体		灰白色粉末
加水	全部溶于水		大多数不溶于水
灼烧	可燃烧，熔化有气泡或冒烟	不燃烧，跳动或有爆裂声	无反应
加熟石灰	放出具有刺激性气味的氨气	无气味放出	无反应

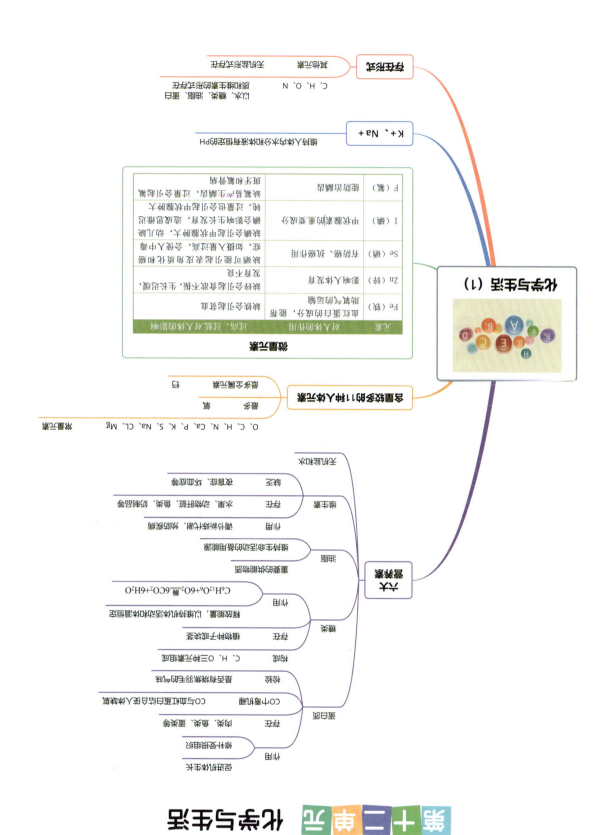

化学与生活（2）

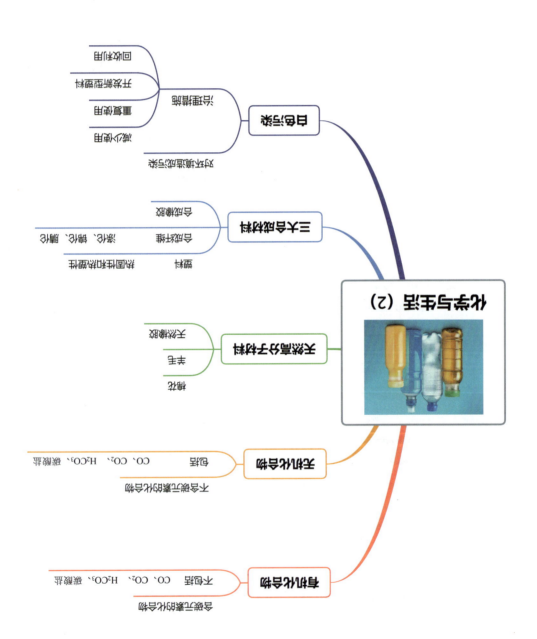

- **白色污染**
  - 治理措施
    - 减少使用
    - 重复使用
    - 开发新型塑料
    - 回收利用
  - 对环境造成污染

- **三大合成材料**
  - 塑料
  - 合成纤维
  - 合成橡胶
  - 抗腐蚀性和耐腐蚀性
  - 溶化、软化、硬化

- **天然高分子材料**
  - 棉花
  - 羊毛
  - 天然橡胶

- **无机化合物**
  - 包括 CO、CO_2、H_2CO_3、碳酸钠
  - 不含碳元素的化合物

- **有机化合物**
  - 包括 CO、CO_2、H_2CO_3、碳酸钠
  - 含碳元素的化合物